CLV

William MacDonald

Der vergessene Befehl

CLV
Christliche
Literatur-Verbreitung e. V.
Postfach 1803 · 4800 Bielefeld 1

Originaltitel: Be holy

by CLV · Christliche Literatur-Verbreitung
Postfach 1803 · 4800 Bielefeld 1
Übersetzung: Gudrun Emde
Umschlaggestaltung: Dieter Otten, Bergneustadt
Satz: CLV/Typoservice, Bielefeld
Druck: Ebner Ulm

ISBN 3-89397-207-2

INHALTSVERZEICHNIS

EINFÜHRUNG

Die Zahl der Christen, die sich zu dem Glauben an Christus bekennen und dann fallen, ist erschreckend hoch. Viele scheinen wiedergeboren zu sein; sie beginnen ihr Glaubensleben sehr vielversprechend. Aber auf dem Weg fallen sie in Sünde und kommen völlig vom Weg ab. Sicherlich sind nicht alle, die sich Christen nennen, auch wirklich errettet, aber auch die Verlustrate unter den Christen, die ein wirkliches Christendasein demonstrieren, ist ernüchternd.

Häufig bringt ein einziger Fall einen Menschen für den Rest seines Lebens vom Weg ab. Obwohl er seine Sünde bereut und bekennt, hält er sein Leben von dem Augenblick an für überschattet. Er betrachtet sich als ungeeignet für den Dienst. Er verschließt seine Lippen, was das Zeugnis anbelangt. Er geht durch das Leben wie ein Zurückgewiesener. Die Gemeinden sind voll von solchen Leuten.

Es muß aber nicht so sein. Es gibt Vergebung bei Gott. Der Vogel mit dem gebrochenen Flügel *kann* wieder genau so hoch fliegen wie zuvor. Gott *kann* die Jahre, welche die Heuschrecken gefressen haben, erstatten. Das Problem scheint darin zu liegen, daß viele nie gelernt haben, richtig mit der Vergebung umzugehen. Sie bekennen zwar ihre Sünden, glauben aber Gottes Wort nicht, daß ihnen wirklich vergeben wurde. Vielleicht *haben* sie das *Gefühl*, daß ihnen nicht vergeben sei. Oder aber sie wissen, daß ihnen vergeben wurde, können es aber nicht wirklich annehmen. Und so gehen sie als besiegte Christen durch das Leben.

Für solche ist dieses Buch als Hilfe gedacht. Es soll aber zunächst einmal Gläubigen helfen, nie in diesen Zustand zu gelangen. Erfahrung ist eine harte Schule. Sind wir jedoch bereit, direkt aus Gottes Wort zu lernen, so können wir uns den harten Weg ersparen. Durch einfachen Gehorsam gegenüber dem Wort Gottes ist ein Christ in der Lage, um alle Segnungen eines heiligen Lebens und alle schmerzhaften Konsequenzen der Sünde zu wissen. Warum sollten wir durch Scham und Schande all das erfahren, was für jeden, der sich die Zeit für ein aufmerksames Bibelstudium nimmt, so offensichtlich ist.

SEIN WIE CHRISTUS

Die höchste Charakterbeschreibung wird mit den Worten „Sein wie Christus" ausgedrückt. Benutzt man sie für einen Gläubigen, so ist es die vorbildlichste Anerkennung, die höchste Ehre. Es gibt kein höheres Bestreben, als zu sein wie der Herr Jesus.

Henry Drummond sagte einmal: „Zu werden wie Christus ist das einzige in der Welt, wofür es sich zu leben lohnt, dem gegenüber alle anderen menschlichen Bestrebungen eine Torheit und alle geringeren Errungenschaften nichtig sind."

Ich bin sicher, es muß eine Befriedigung sein, besonders begabt zu sein, so zu lehren und zu predigen, daß alle Herzen sich unter dem Einfluß des *Wortes* beugen und davon berührt werden. Aber zu sein wie Christus ist besser als eine große Begabung, und ohne das ist jede Begabung ein tönendes Erz oder eine schallende Zimbel. Es ist möglich, eine Gabe für die Kanzel zu haben und zu Hause ein perfekter Miesepeter zu sein. Eine Gabe zu besitzen, ist die höchste Gabe Gottes an einen Menschen, aber persönliche Gnade ist etwas, für dessen Entwicklung wir durch die Kraft des Heiligen Geistes selbst verantwortlich sind. Viele sind bestrebt, große persönliche Gewinner von Seelen zu werden. Dieser Dienst ist heute tatsächlich so populär, daß er praktisch als Zweck unserer Erschaffung ausgegeben wird. Das Ergebnis davon ist, daß die Leute herumeilen und ununterbrochen persönlich evangelisieren, und doch gibt ihr Leben ein sehr unattraktives und nicht überzeugendes Bild vom christlichen Glauben. Als der Herr Jesus sagte: „Folget mir und ich werde euch zu Menschenfischern machen", gab Er den eigentlichen Auftrag und setzte die eigentliche Priorität. Unsere Verantwortung ist es nun, Ihm zu folgen, d. h. zu leben, wie Er lebte. Seine Verantwortung ist es, uns zu Menschenfischern zu machen. Lebt man nach diesem „Sein wie Christus", dann ist das Gewinnen von Seelen ein ganz natürliches Ergebnis.

DIE GÖTTLICHE PRIORITÄT

Gottes großes Ziel mit Seinem Volk ist die Gleichförmigkeit mit dem Bild Seines Sohnes. Er hat so großen Gefallen an dem Herrn Jesus, daß Er den Himmel mit anderen füllen will, die so sind wie Er. Wenn wir Ihn sehen werden, werden wir automatisch Ihm gleich sein. Es würde Gott jedoch zu größerer Herrlichkeit gereichen, wenn dieser Prozeß sich bereits jetzt auf der Erde vollziehen würde.

Carole Mayhall gab zwei unvergeßliche Illustrationen dieses Prozesses. Das erste Beispiel handelt von einer relativ dicken Frau, die sich für ein Diät-Programm einschrieb.

Als allererstes zeichnete der Leiter eine Silhouette auf einen Spiegel, die die Figur der Frau beschrieb, die sie erreichen wollte. Als sie vor dem Spiegel stand, quoll sie natürlich über die Silhouette hinaus. Der Leiter erklärte ihr: „Unser Ziel ist es, in diese Figur hineinzupassen." Viele Wochen lang lebte die Frau Diät und machte ihre Übungen. Jede Woche stand sie vor dem Spiegel, aber ihr Umfang, obwohl er geringer wurde, paßte noch immer nicht in die Figur. Daher trainierte sie härter und wurde noch strenger in ihrer Diät. Und endlich, eines Tages stand sie vor dem Spiegel und stimmte zu jedermanns Freude mit der vorgezeichneten Figur überein.

Das zweite Beispiel handelt von einem Bildhauer, der die Skulptur eines Löwen aus einem Granitblock herausmeißelte. Als er gefragt wurde, wie er solch ein Wunderwerk geschaffen hätte, sagte er: „Es war sehr einfach. Ich habe lediglich alles das entfernt, was nicht wie ein Löwe aussah!" Auf den folgenden Seiten werden wir beschreiben, wie es Gottes Ziel ist, alles aus unserem Leben wegzumeißeln, bis das Bild des „erwachsenen Mannes" (Eph. 4,13) erscheint. Bevor wir weiter lesen, wollen wir beten:

> Laß deutlich werden, daß ich mit Dir gewesen bin, Jesus, mein Herr und mein Heiland; Laß bekannt werden, daß ich nur Dir gehöre, durch all mein Reden und Handeln.

SCHLECHTE DARSTELLER JESU CHRISTI

Jeder Christ sollte den Herrn Jesus hier auf der Erde repräsentieren. Er sollte ein Abbild des Heilands sein, indem er der Welt aufzeigt, wie Christus ist. Es ist eine ehrfurchtgebietende Verantwortung.

Wir sind Glieder des Leibes Christi. Der Leib ist das Mittel, durch welches sich eine Person selbst darstellt. Der Leib Christi, die Kirche, ist das Mittel, welches Er wählte, um sich selbst der Welt darzustellen. Das wirft für jeden von uns die Frage auf: „Welches Bild von Christus gebe ich ab?“ Es veranlaßt uns zu der selbstkritischen Frage:

Wenn alles, was sie von Jesus Christus sehen,
das ist, was sie von Ihm in dir sehen,
meine Seele, was sehen sie da?

Jemand anderes drückte es so aus. Gott hat einen Beinamen; Er wird der Gott Abrahams, Isaaks und Jakobs genannt. Er schämt sich nicht, ihr Gott genannt zu werden (Hebr. 11,16 b). Wie würde Er denken, wenn Er meinen Namen als Beinamen hätte?

Charles Swindoll sagte einmal:

> „Ob ihr es wollt oder nicht, aber die Welt beobachtet uns mit der Aufmerksamkeit einer Möwe, die im flachen Wasser nach einer Garnele Ausschau hält. Der Glaubende ... wird ständig überwacht. Das ist unser größtes Berufsrisiko. Und wenn wir von unserem Heiland sprechen und dem Leben, das Er anbietet, dann wird alles an dem gemessen, was andere an uns gesehen haben.“

VERWUNDET IN DEM HAUS SEINER FREUNDE

Es ist eine traurige Tatsache, daß Christus in großem Ausmaß durch das Leben derjenigen gelitten hat, die bekennen, Seine Jünger zu sein. Er wurde verwundet in dem Haus Seiner Freunde.

James Spink sagte einmal:

„Der Sache des Christentums ist mehr Schlechtes seitens seiner Anhänger angetan worden, als seitens seiner Gegner, denn die Welt vergleicht oft das Bekenntnis eines Christen mit seiner Verwirklichung. Sie argumentieren ganz richtig, daß, wenn das Christentum das sei, was wir behaupten, es einen Unterschied im Leben machen müßte."

Hudson Taylor stimmt damit überein:

„Die Widersprüchlichkeit von Christen, die einerseits bekennen, ihrer Bibel zu glauben, andererseits jedoch leben, als gäbe es dieses Buch nicht, war eines der stärksten Argumente meiner skeptischen Mitmenschen."

Es ist nicht schwer, Beispiele für eine mißglückte Vertretung des Herrn Jesus zu finden. Neulich sah ich einen Kleintransporter mit zwei Aufklebern auf der hinteren Stoßstange. Einer besagte: „Ich liebe Jesus." Der andere auf der rechten Seite besagte als Nachahmung der gebrochenen Sprechweise eines Ausländers: „Du berühren meinen Wagen, ich dir schlagen ins Gesicht." Anscheinend schien der Besitzer des Wagens die eklatante Widersprüchlichkeit der beiden Ansichten nicht zu bemerken.

Gehen wir einmal in die Geschäftswelt. George Duncan erzählt die folgende Begebenheit:

„... ein Geschäftsmann ... war an einer christlichen Fernsehsendung am Vorabend beteiligt gewesen, und eine seiner Angestellten hatte die Sendung verfolgt. An diesem Morgen war er sehr schlechter Laune, und es klappte alles nicht sehr gut. Irgendwie kam die Angestellte in den Genuß seiner schlechten Laune. Als sie sein Büro verließ, sagte sie zu einem hereinkommenden Mädchen: 'So ist es richtig ... Komm zu Jesus am Sonntagabend, und fahr zur Hölle am Montagmorgen.'"

Als ein christlicher Geschäftsmann eine Verpflichtung nicht einhielt, fragte ihn sein Konkurrent: „Zu welcher Art Kirche gehören Sie?" Er antwortete: „Lassen Sie meine Kirche aus dem Spiel. Das hier hat nichts mit Kirche zu tun. Das ist Geschäft." Er mag 20 Jahre gebraucht haben, bis er ein Zeugnis geworden war, aber es war innerhalb von 20 Sekunden zerstört.

Wenn ein berühmter Schauspieler oder eine berühmte Schauspielerin zugibt, „von neuem geboren zu sein", dann geht diese Neuigkeit um die Welt. Dasselbe geschieht jedoch auch, wenn nicht ein klarer Bruch in seinem oder ihrem Leben stattgefunden hat, wenn er oder sie weiter in zweitklassigen Filmen spielt, wenn Christus offensichtlich keinen Unterschied in seinem oder ihrem Leben bewirkt hat.

Oder es könnten die „christlichen Musiker" sein mit ihren theatralischen Aufführungen, ihrer aufreizenden Körpersprache, ihren fragwürdigen Liedertexten und ihrer Musik, die die der Welt nachäfft. Ist das Christentum? Oder ist es eine Parodie, eine lächerliche Imitation?

Ein Verbrecher bekannte, bei einer Massenevangelisation zum Glauben gefunden zu haben. Die Neuigkeit verbreitete sich wie ein Lauffeuer. Aber er setzte seine Unterweltaktivitäten fort. Als ihn jemand mit seiner Karikatur des Christentums konfrontierte, sagte er: „Niemand sagte mir, daß, wenn ich ja zu Jesus sage, ich damit gleichzeitig meinem alten Leben den Rücken zukehren muß. Und überhaupt, es gibt christliche Football-Spieler, christliche Cowboys, christliche Politiker. Warum dann nicht auch einen christlichen Verbrecher?" Von diesem Augenblick an sagte er dem Christentum ab.

SCHIEB DEN ZASTER 'RÜBER

Und nicht zu vergessen sind jene Radio– und Fernsehprediger, die ein profitables Schwindelgeschäft betreiben und dabei um Geld betteln, die in luxuriösen Villen wohnen und teure Autos und Flugzeuge besitzen. Bald wird ein cleverer Reporter das ganze Spiel aufdecken, und die Christenheit wird an einem weiteren Schandfleck leiden.

Von einem der amerikanischen Spitzen-Fernsehprediger wird berichtet, daß er in einer 12-Zimmer Villa wohne, die dem Versailler Schloß nachgebaut wurde, mit traumhaften Gartenanlagen, Ställen und Swimming-Pools. Ein anderer kaufte eine 0,5 Millionen-Villa in Los Angeles, die seine Frau als ein kleines Zufluchtplätzchen bezeichnete. Er fügte seinem Mercedes– und Jaguarpark auch noch einen

Rolls Royce hinzu.

Ich denke daran, wie Christus manchmal von den „christlichen Politikern“ durch ihre weltliche Sprache, ihre fragwürdigen Kompromisse und dunklen Verbindungen verleumdet wird. Die Unehre, die dem Namen Jesu zugefügt wird, ist nicht abzuschätzen.

Christliche Studenten, die beim Examen betrügen, Hausfrauen, die mit ihren Nachbarn in Streit leben, die einfachen Leute, die unhöflich und unbeherrscht sind, sie alle sind Verleumdungen anstatt Briefe Christi. Jedes Verhalten, das nicht dem Grundsatz „Sein wie Christus“ entspricht, veranlaßt Seine Feinde zu lästern. Jeder schlechte Vertreter Christi veranlaßt Nicht-Bekehrte zu sagen: „Was Du so laut erzählst, kann ich Dir irgendwie nicht abnehmen.“ Eben dieses Benehmen veranlaßte John MacArthur zu sagen: „Ich glaube, Jesus hatte mehr Stil als viele Seiner Vertreter.“

Ein Soldat wurde vor Alexander den Großen geführt, da er sich Befehlen widersetzt hatte.

> „Wie heißt du?“ fragte Alexander. „Alexander“, antwortete der Soldat verlegen. „Alexander!? Dann ändere entweder deinen Namen oder dein Benehmen!“ befahl ihm der König.

Diejenigen von uns, die den Namen Christ tragen, sollten sich auch dementsprechend benehmen. „Es ist paradox zu sagen, du glaubst wie du solltest, aber du benimmst dich, wie du dich nicht benehmen solltest“ (H. G. Bosch). Während einer Unterhaltung mit Mahatma Gandhi sagte E. Stanley Jones eines Tages:

> „Mir liegt sehr viel daran, daß sich das Christentum in Indien einbürgert, so daß es nicht länger eine fremde Sache bleibt, die mit fremden Völkern und fremden Regierungen identifiziert wird, sondern daß es ein Teil des nationalen Lebens Indiens wird und seinen Teil zu Indiens Aufbau und Errettung beiträgt. Was schlagen Sie vor, was wir tun sollen, um dieses zu ermöglichen?“ Gandhi antwortete bedächtig und nachdenklich: „Ich würde vorschlagen,... daß ihr Christen alle ... anfangen solltet, eher so zu leben, wie Jesus Christus es tat. Zweitens würde ich vorschlagen,

daß ihr eure Religion praktizieren solltet, ohne sie zu mißbrauchen oder abzuschwächen. Drittens würde ich vorschlagen, daß ihr euren Schwerpunkt auf die Liebe legen solltet, denn die Liebe ist der Mittelpunkt und die Seele des Christentums."

Es heißt, daß Gandhi einmal sagte: „Wären da nicht die Christen, ich glaube, ich wäre einer geworden."

Brian Goodwin erzählt von „einem jungen Chinesen, der von einem Missionar auf einer christlichen Schule erzogen wurde. Er bewunderte seinen Lehrer, und als er einige Jahre später hörte, daß dieser in die Stadt zurückkäme, versuchte er ihn in dem Hotel, wo jener abgestiegen war, zu erreichen. Ihm wurde jedoch der Zutritt zu dem Missionar verweigert, und man warf ihn aus dem Hotel hinaus. 'So verhalten sich die Christen also' murmelte er, als er wegging. All die Jahre der Sorge und Aufmerksamkeit, die der Missionar auf ihn verwendet hatte, wurden durch diese große Demütigung zunichte. Der Name des jungen Chinesen war Mao Tse-tung."

GUTE DARSTELLER JESU CHRISTI

Im letzten Kapitel haben wir besprochen, wie wahre und sogenannte Christen den Heiland so oft schlecht vertreten in dieser Welt. Es war wirklich erschütternd. Gott sei Dank gibt es aber noch eine andere Seite der Medaille. Es gab und gibt Männer und Frauen, die ihren Mitmenschen ein treues Zeugnis von Gottes Sohn gegeben haben.

Ich denke an einen meiner Studenten, der auch ein enger Freund war. Obwohl er Hautkrebs hatte und dem Tode nahe war, glich sein Zimmer einem kleinen Vorraum des Himmels. Als eine Bezirksschwester einen ihrer regelmäßigen Besuche machte, sagte sie: „Rob erinnert mich an Jesus."

Robert C. Chapman setzte sich demütig dieses große Ziel: „Da so viele Menschen Christus predigen und so wenige Christus leben, will ich danach streben, Christus zu leben." John Nelson Darby sagte später von ihm: „Er lebt, was ich lehre."

Ein Freund sagte von William Arnot: „Seine Predigten waren gut, seine Schriften besser, aber sein Leben das beste von allem."

EIN MANN WIE JESUS

In einer Biographie über Robert Murray McCheyne schreibt James A. Stewart:

> „Herr McCheynes Heiligkeit war bemerkbar, noch bevor er ein Wort gesprochen hatte; seine Erscheinung sprach für ihn. Er verbrachte einmal eine Nacht mit einem Pfarrer im Norden Schottlands. Dieser war so wunderbar beeindruckt von dem, was McCheyne umgab, daß er, als jener den Raum verließ, in Tränen ausbrach und sagte: 'O, das ist der Jesus-ähnlichste Mann, den ich jemals getroffen habe.'"

An einer anderen Stelle fügt Stewart hinzu:

„McCheyne verbrachte Stunden in heiliger Gemeinschaft innerhalb des Vorhangs, in hingebungsvollem Lob und Anbetung, erfüllt von der Liebe Christi auf Golgatha. Er kam aus Gottes Gegenwart, um bei seinen Haus-zu-Haus Besuchen den Wohlgeruch Christi zu hinterlassen. Wenn er durch die Straßen seiner Gemeinde ging – und sogar sonstwo in Großbritannien – waren die Menschen überrascht von dem christusgeprägten Ausdruck seines Gesichts."

Sally Magnussen schreibt, daß Eric Liddell seinem Herrn ähnlich war, als er in einem japanischen Konzentrationslager interniert war.

„Worauf diese Leute ständig zurückkamen, war die Art und Weise wie er sein Christentum lebte. Eric wird hier als ein Mensch nach dem Vorbild Christi beschrieben, genau so, wie es auch unter den Chinesen in Siaching der Fall gewesen war. Er nimmt sich der Prostituierten und der verachteten Geschäftsleute an; er schleppt Kohlen für die Schwachen und unterrichtet die Jungen; er ist bereit, seine Golduhr zu verkaufen und seine Bettlaken für Hockeyschläger zu zerreißen. Und doch ist es derselbe Eric ... der so gewöhnlich und nach nichts Besonderem aussieht."

Richard Hillary gibt in seinem Buch „Der letzte Feind" offen zu, daß Peter Pease, ein Pilotenkollege – ein bekennender Christ und der beste Mann, den er jemals getroffen hatte – ihn sowohl ärgerte als auch herausforderte. Seine einzige Absicht war es, ihn allein zu erwischen, ihn gnadenlos zu attackieren und seinen Glauben in Stücke zu zerreißen. Seine Gelegenheit kam auf einer gemeinsamen Reise im Zugabteil von Montrose nach Edinburgh. Er funkelte sein Opfer an und sagte: „Deine Religion ist nur Schein, ein vererbtes Überbleibsel, ein nützliches soziales Anhängsel und sonst nichts." Peter öffnete seinen Mund, stieß ein paar schwache Proteste aus und versank dann wieder in Schweigen, vernichtet von der Flut von Argumenten seines Widersachers. Aber Hillary wußte, daß in Wahrheit er die Argumentation verloren hatte, denn eine Tatsache blieb: er konnte Peters Charakter nicht erklären, der mit seiner Religion untrennbar verbunden war und jede Logik zunichte machte (Murdo Ewen McDonald).

Darum schrieb J. H. Jowett:

„Die Menschen mögen dir an Subtilität in ihren Argumenten überlegen sein. In intellektuellen Argumentationen magst du leicht eine Niederlage erleiden. Aber das Argument eines erretteten Lebens ist unanfechtbar. 'Als sie aber den Geheilten bei ihnen stehen sahen, konnten sie nichts mehr dagegen sagen.'"

R. W. DeHaan schrieb:

„Kurz nach seiner Ankunft auf dem Missionsfeld sprach ein Missionar zum ersten Mal zu einer Gruppe von Dorfbewohnern. Er versuchte, ihnen das Evangelium vorzustellen. Als er den Herrn Jesus Christus beschrieb, beschrieb er Ihn als einen mitfühlenden, freundlichen, liebevollen und sorgenden Mann, der umherzog und Gutes tat. Während er sprach, bemerkte er, daß sein Vortrag ein vertrautes Lächeln auf die Gesichter seiner Zuhörer zauberte, und diese als Zeichen der Übereinstimmung mit dem Kopf nickten. Etwas erstaunt unterbrach er seine Rede und fragte: 'Wißt ihr, wovon ich spreche?' Einer der Dorfbewohner erwiderte schnell: 'Ja, du hast von einem Mann gesprochen, der zu uns zu kommen pflegte.' Eifrig erzählten sie von einem Missionarsarzt, der in ihr entlegenes Dorf gekommen war, um ihnen in ihren körperlichen Nöten zu dienen. Sein Leben war dem des Christus so ähnlich in bezug auf die Sorge für die Menschen, daß sie den Herrn Jesus in ihm sahen. Er war wirklich ein Beispiel in der Nachahmung Christi."

Sir Henry M. Stanley sagte:

„Ich ging nach Afrika mit Vorurteilen gegen Religion, als der schlimmste Ungläubige in London. Für einen Reporter wie mich, der lediglich mit Kriegen, Massenversammlungen und politischen Zusammenkünften zu tun hat, standen sentimentale Gefühle nicht zur Diskussion. Aber dann folgte eine lange Zeit des Nachdenkens für mich. Ich war dort draußen, weit weg von einer westlichen Zivilisation. Ich sah diesen einsamen alten Mann, David Livingston, und fragte mich: 'Warum lebt er hier in so einer

Umgebung? Was inspiriert ihn?'

Über Monate hinweg, nach unserem ersten Zusammentreffen fand ich mich immer wieder als sein Zuhörer und staunte über den Mann, der die Worte 'Verlasse alles und folge mir nach' verwirklichte. Als ich seine Frömmigkeit, seine Freundlichkeit, seinen Eifer, seinen Ernst sah und wie still er seinen Dienst verrichtete, wurde ich so nach und nach durch ihn bekehrt, obwohl er es in keiner Weise versucht hatte."

Eines Tages, als einige Missionare in Indien ihren Missionarskollegen Silas Fox zu Besuch hatten, kam eine Hindu– Nachbarin herein, traf auf Herrn Fox und hatte eine kurze Unterredung mit ihm. Danach ging sie wieder. Nach seiner Abreise kam sie zurück und sagte ganz aufgeregt: „Ich sah Gott in seinem Gesicht." Sie, die so vielen Göttern glaubte, sah den einen und einzig wahren Gott in dem Gesicht von Silas Fox.

GRÜNDE FÜR DIE HEILIGKEIT

Warum möchte ein Gläubiger heilig leben? Warum bemüht er sich, Christus ähnlich zu werden?

Nun, zunächst einmal ist es ein Wunsch, der im Moment seiner Bekehrung in ihm aufkeimte. Er erhält einen neuen Haß auf die Sünde und eine neue Liebe für die Reinheit. Der innewohnende Heilige Geist sehnt sich danach, in ihm einen geheiligten Charakter zu gestalten. Die neue Natur stellt sich selbst dar in dem Sehnen nach Sieg im persönlichen Leben.

Doch darüber hinaus gibt es noch triftigere Gründe, warum ein Christ nach Heiligkeit streben sollte, warum er den Versuchungen der Welt, des Fleisches und des Teufels widerstehen sollte.

Mit das Schlimmste an der Sünde ist die Unehre, die sie auf den Namen des Herrn Jesus lädt. Es ist gerechtfertigt, wenn die Welt den Jünger mit seinem Herrn und Meister in Verbindung bringt. Sündigt der Jünger, so wird dies seinem Meister zum Vorwurf gemacht. Schändliches Benehmen wird mit Ihm in Verbindung gebracht. Als 1987 ein Prediger in den USA in einen Skandal verwickelt wurde, sagte der bekannteste Atheist des Landes: „Nur ein weiteres Beispiel für die Schlechtigkeit der Religion, für ihre Häßlichkeit, für dieses miese Spiel." Durch seine Sünden und seinen Ehebruch lud David unendliches Gespött auf den Namen des Herrn seitens Seiner Feinde (2. Sam. 12,14).

Ein weiterer Grund für die Heiligkeit ist der Gedanke daran, was unsere Sünden den Heiland gekostet haben (1. Petr. 2,24). Kein aufrichtiger Gläubiger möchte mit dem fortfahren, was den Sohn Gottes ans Kreuz nagelte. Wenn das Blutvergießen zur Sühnung unserer Sünden nötig war, wie können dann Seine Nachfolger Schlechtigkeit tolerieren oder stillschweigend dulden?

Die Liebe des Christus sollte uns zu einem Leben in Reinheit anhalten. Er liebte uns schon, als wir noch gottlose Feinde waren. Er offenbarte uns Seine Liebe, indem Er einen gewaltig hohen Preis für uns gezahlt hat, um uns zu erlösen. Er gab uns alles, was wir benötigen, um in Gottesfurcht zu leben. Es ist eine klägliche Antwort auf diese Liebe, wenn wir wieder die Brücke zu unserem alten Leben aufbauen.

SÜNDE BRICHT GOTT DAS HERZ

Unsere Liebe zu Christus sollte in uns den Wunsch wecken, reine Gefäße zu sein, bereit zu Seinem Gebrauch. Wenn wir Ihn wirklich lieben, wollen wir Ihm gefallen. Die Sünde bricht nicht nur Sein Gesetz, sondern auch Sein Herz, während Heiligkeit Ihn erfreut. Er sagte: „Wenn ihr mich liebet, so haltet meine Gebote“ (Joh. 14,15). Heiligkeit ist ein Gebot (1. Petr. 1,15.16; Hebr. 12,14).

Sünde bringt andere Menschen ins Wanken, sowohl Gläubige als auch Ungläubige. Sieht ein Unbekehrter einen Christen fallen, so schließt er daraus, daß das Evangelium keinen Unterschied macht in dem Leben eines Menschen. Gläubige sind vor den Kopf gestoßen, und junge Gläubige sind besonders verletzlich in bezug auf Desillusionierung.

Mark Twain wandte sich ab vom Christentum, nachdem er gehört hatte, daß Christen die Sklaverei duldeten, eine unflätige Sprache führten und in dunkle Geschäfte verwickelt waren.

Mohammed bekam durch die Juden und Christen die Vorstellung von dem einen wahren Gott, aber ihre Lebensführung schreckte ihn ab.

Brian Goodwin sagt: „Ein wenig mehr Liebe zu Christus und unseren Mitmenschen gegenüber könnte den Verlauf der Geschichte der heutigen moslemischen Welt verändert haben.“

Als junger Student in Kanada wurde Mahatma Gandhi unchristlich behandelt und ging deshalb vielleicht für die Sache Christi verloren.

Wenn wir sündigen, so verletzen wir Menschen, die uns vertraut haben. Sie fühlen sich verlassen und enttäuscht. Manchmal fühlt sich ein junger Gläubiger verraten, wenn derjenige, der ihn zum Herrn führte, selbst in Sünde fällt. Wie oft wurden Christen schon vor dem Fallen bewahrt durch den Gedanken an einen unterstützenden und glaubenden Freund, dessen Bild plötzlich in ihrem Gewissen auftauchte.

Das Leben in Heiligkeit ist das beste Leben – das beste für den

Geist, die Seele und den Körper. Es ist gut für die physische und emotionale Gesundheit. Es schützt uns vor Reue, Schuld, Schande und vielen Krankheiten. Es führt uns für immer zu einer Fülle von Freuden (1. Joh. 1,4; Ps. 16,11).

Ein kleiner Junge kam mit traurigem Gesicht aus einer Versammlung, und jemand fragte ihn, was denn los sei. Er antwortete: „Es ist so schwer, zugleich glücklich und heilig zu sein." Die Wahrheit ist jedoch, daß ohne Heiligkeit wahres Glücklichsein nicht möglich ist.

Das ständige Bewußtsein, daß unser Körper der Tempel des Heiligen Geistes ist, sollte uns dazu veranlassen, „uns selbst zu reinigen von jeder Befleckung des Fleisches und des Geistes, indem wir die Heiligkeit vollenden in der Furcht Gottes" (2. Kor. 7,1). Wir sollten niemals das Gefühl des Erstaunens verlieren, daß ein Teil der Gottheit ein ständiger Bewohner unseres Körpers ist und unser dauernder Begleiter.

Die Gottseligkeit hat die „Verheißung des Lebens, des jetzigen und des zukünftigen" (1.Tim.4,8). Sie ist die beste Vorbereitung auf die Ewigkeit. Eines Tages, vielleicht schon bald, werden wir den Herrn sehen. Wir werden vor Seinem Richterstuhl stehen. Das bedeutet, daß wir jetzt schon in dem Licht dieses ehrfurchtgebietenden Ereignisses leben sollten. Dies wiederum kann nur auf ein Leben in Heiligkeit hinauslaufen.

SÜNDE VERSCHLIESST DIE LIPPEN

Heiligkeit gibt die Freiheit, dem Herrn zu dienen, wogegen die Sünde die Lippen verschließt. Die Schuld und das Gefühl des Unfähigseins, welche die nicht bekannte Sünde begleiten, lähmen einen Menschen. Er freut sich nicht mehr an der Freisetzung des Geistes.

Heiligkeit gibt die Freimütigkeit zum Gebet. „Wenn unser Herz uns nicht verurteilt, so haben wir Freimütigkeit zu Gott, und was irgend wir bitten, empfangen wir von ihm, weil wir seine Gebote halten und das vor ihm Wohlgefällige tun " (1. Joh. 3,21. 22). Die Kehrseite der Medaille ist, daß, wenn wir Sünde in unserem Herzen haben, der Herr uns nicht erhören wird (Ps. 66,18). Sünde unterbricht die Verbindung unserer „Gebetsleitung".

Außerdem unterbricht Sünde die Gemeinschaft mit Gott, unserem

Vater. Dies mag nicht so ernst klingen, aber es ist tragisch. Ein Gläubiger, der mit Abstand folgt, ist in ständiger Gefahr. Er kann eine Entscheidung treffen, oder eine Freundschaft eingehen, oder einer Versuchung erliegen, die ihn für den Rest seines Lebens vom Weg abbringt.

Die Gottesfurcht ist eine gewaltige Motivation für Heiligkeit. Der Ausdruck „Gottesfurcht" ist so abgeschwächt worden, daß er inzwischen kaum mehr als Respekt oder Ehrfurcht bedeutet. Vielleicht ist es an der Zeit zu sagen, daß er auch Furcht bedeutet – eine gesunde Furcht vor Gott, eine Furcht Ihm zu mißfallen, eine Furcht, von Ihm ins Gericht genommen zu werden, eine Furcht vor Seiner Züchtigung.

Das sind einige Gründe, warum wir niemals in der Nachfolge der Heiligkeit nachlassen sollten, und warum wir so sehr zur Nachahmung unseres gesegneten Erlösers veranlaßt sein sollten.

VIER FORMEN DER HEILIGUNG

Joe wußte es nicht, aber er war vom Heiligen Geist ausersehen, bevor er errettet wurde. Tatsächlich war er von Geburt an abgesondert. Als er älter wurde, geschahen Dinge, die zu dieser Zeit unerheblich schienen. Er kam mit wahren Gläubigen in Kontakt. Eines Tages gab ihm ein Fremder ein evangelistisches Traktat. Er schaltete zufällig eine christliche Sendung ein. Ein Kollege gab ihm auf der Arbeit ein Zeugnis. Dann bekehrte sich seine Frau und sein Heim veränderte sich radikal. Später wurde ihm klar, daß der Heilige Geist diese „Zufälle" arrangierte als Glieder in der Kette seiner Errettung.

Als Joe endlich Jesus Christus als Herrn und Erlöser vertraute, erfuhr er, daß ihm vor Gott eine Stellung der Heiligung gegeben war. Gott sah ihn nun „in Christus". Das heißt, daß Christus nun seine Heiligkeit war und er deshalb passend war für den Himmel. Er war nicht länger ein Teil des weltlichen Systems, das von Satan angeführt wird. Jetzt war er ein Glied Christi, getrennt von der Welt.

Joe begann Veränderungen in seinem Leben festzustellen. Er entwickelte einen neuen Haß auf die Sünde und ein neues Sehnen nach Heiligkeit. Er beging immer noch Sünden, aber nicht auf die gleiche Weise wie zuvor. Sünde beherrschte nicht mehr sein Leben. Er sündigte nicht mehr mit der vollen Übereinstimmung seines Willens. Und sündigte er doch, so war er aufs äußerste beschämt. Er ließ alte Gewohnheiten fallen. Seine Sprache unterzog sich einer gründlichen Reinigung. Kein Zweifel! Er wuchs in der Heiligkeit.

Joe starb letzten Dienstag. Als er den Heiland von Angesicht zu Angesicht sah, ging eine wunderbare Verwandlung vonstatten. Joe wurde wie Jesus, moralisch und geistlich. Er war auf immer von aller Sünde und Verunreinigung befreit.

WIR WOLLEN DIE BEDEUTUNG HERAUSFINDEN

Diese vier Kapitel in Joes Leben sind ein Bild der vier Aspekte der

Heiligung, wie wir sie im Neuen Testament finden. Aber bevor wir darauf eingehen, wollen wir über die allgemeine Bedeutung des Wortes „Heiligung“ nachdenken.

Heiligung ist ein anderes Wort für Heiligkeit. Beide sind die Übersetzung ein und desselben Wortes aus der Originalsprache des Neuen Testamentes, und sie haben dieselbe Bedeutung.

Heilig sein oder geheiligt sein bedeutet, abgesondert zu sein. Das ist die einzige Definition, die auf alle Begebenheiten in der Bibel paßt.

Es ist ein allgemeiner Fehler, zu denken, daß 'geheiligt sein' die Bedeutung von 'vollkommener werden' habe. Das kann nicht stimmen, da wir lesen, daß Jesus Sich Selbst heiligte (Joh. 17,19) und wir sollen Ihn in unseren Herzen heiligen (1. Petr. 3,15). Er konnte Sich Selbst nicht vollkommener machen als Er schon war, und wir können mit Sicherheit nichts zu Seiner Vollkommenheit hinzufügen. Aber Er Selbst konnte Sich für das Werk absondern, welches der Vater Ihm aufgetragen hatte, und Er tat es auch. Auch wir können Ihn in unserem Leben als souveränen Herrn und Gott absondern.

In der Bibel wird Heiligung oder Heiligkeit für Dinge und Personen verwendet. Alle drei Personen der Gottheit sind heilig, d. h. abgesondert von allen geschaffenen Wesen in der Vorzüglichkeit Ihrer Wesenszüge und Ihres Verhaltens (3. Mo. 19,2; Joh. 10,36; 1. Kor. 6,19). Der Berg Sinai war geheiligt insofern, als er abgesondert war als der Ort, an dem das Gesetz gegeben wurde (2. Mo. 19,23). Im Alten Testament heiligte Gott den siebten Tag (1. Mo. 2,3); er wurde als der Tag der Ruhe von der Arbeit abgesondert. Das Erstgeborene sowohl des Menschen als auch vom Tier war geheiligt für Gott (2. Mo. 13,2). Das Volk Israel heiligte sich selbst, um Sünde zu begehen (Jes. 66,17). Sie machten sich offensichtlich nicht heiliger, in der allgemeinen Bedeutung des Wortes.

In gewisser Hinsicht kann auch ein Ungläubiger geheiligt werden, z. B. „denn der ungläubige Mann ist geheiligt durch die Frau“ (1. Kor. 7,14). Das heißt nicht, daß seine Erlösung gesichert ist. Es bedeutet lediglich, daß er abgesondert ist in eine Stellung äußerlichen Privilegs, da er eine christliche Frau hat. Der Einfluß eines gläubigen und betenden Partners ist ein großer Gewinn.

Daher ist klar, daß das Wort „absondern“ alle Anwendungen der Heiligung abdeckt.

Kommen wir zurück auf die vier Aspekte der Heiligung, die wir im Neuen Testament finden. Diese sind bekannt als:

Heiligung vor der Bekehrung.
Stellungsmäßige Heiligung.
Praktische und wachstumsmäßige Heiligung.
Vollkommene Heiligung.

HEILIGUNG VOR DER BEKEHRUNG

Alle Gläubigen werden durch den Heiligen Geist geheiligt, bevor sie errettet werden. Paulus beschreibt drei Schritte bei der Bekehrung der Thessalonicher (2. Thess. 2,13).

- Ihre Auserwählung durch Gott.
- Ihre Heiligung durch den Geist.
- Ihren Glauben an die Wahrheit.

Petrus gibt eine ähnliche Aufzählung in 1. Petrus 1,2:

- Auserwählung und Vorbestimmung durch Gott, den Vater.
- Heiligung durch den Geist.
- Gehorsam gegenüber dem Herrn Jesus.
- Besprengung mit Seinem Blut.

In beiden Fällen geschieht die Heiligung vor der Bekehrung. Der Heilige Geist sondert den Menschen ab, um Christus zu gehören. Der Mensch gehorcht der Wahrheit, und der Wert der Blutbesprengung mit Christi Blut wird ihm zugerechnet.

STELLUNGSMÄßIGE HEILIGUNG

In dem Augenblick seiner Bekehrung ist ein Mensch von seiner Stellung her geheiligt, d. h. Gott sieht ihn in Christus, abgesondert von der Welt für Ihn (1. Kor. 1,2). Im eigentlichen Sinne ist Christus seine Heiligung (1. Kor. 1,30).

Jeder wahre Gläubige ist ein Heiliger; er ist für Gott abgesondert worden. Ein Kind definierte einen Heiligen einmal als einen verstorbenen Christen. Doch im Gegenteil, jeder wahre Christ, ob tot oder lebendig, ist ein Heiliger. Aber er kann zur gleichen Zeit fleischlich sein (1. Kor. 1,1.2; 3,1.3). Er kann stellungsmäßig geheiligt sein, und doch ist vielleicht sein Benehmen nicht sehr heilig. Geheiligte Menschen werden später ermahnt, heilig zu sein (1. Petr. 1,2.15.16).

In Apostelgeschichte 20,32 sind mit dem Ausdruck „alle Geheiligten" alle Gläubigen gemeint. In Apostelgeschichte 26,18 beschreibt der Herr Sein Volk als „diejenigen, die durch den Glauben an mich geheiligt sind". Die Korinther werden als „abgewaschen … geheiligt … gerechtfertigt" beschrieben (1. Kor. 6,11). Diese Abschnitte beziehen sich alle auf die stellungsmäßige Heiligung.

PRAKTISCHE UND WACHSTUMSMÄßIGE HEILIGUNG

Danach folgt die praktische Heiligung. Das bezeichnet das, was wir in unserem täglichen Leben tun sollten. Wir sollten ein Leben in Absonderung von Sünde und Bösem für Gott leben. Immer, wenn wir ermahnt werden, heilig zu sein, bezieht es sich auf die praktische Heiligung. Das ist der Aspekt der Heiligung, den wir normalerweise im Auge haben.

Der Herr Jesus bezieht sich in Johannes 17,17 darauf, als Er zu Seinem Vater betet: „Heilige sie durch die Wahrheit: dein Wort ist Wahrheit." Paulus drängt die Korinther: „so laßt uns uns selbst reinigen von jeder Befleckung des Fleisches und des Geistes, indem wir die Heiligkeit vollenden in der Furcht Gottes" (2. Kor. 7,1). Petrus schreibt in der gleichen Weise: „Sondern wie der, welcher euch berufen hat, heilig ist, seid auch ihr heilig in allem Wandel" (1. Petr. 1,15).

Wenn wir abgesondert werden, ist ein Unterschied zu den anderen unbekehrten Leuten um uns herum nicht zu vermeiden. Manchmal ist diese Wahrheit schwer zu begreifen. Wir wollen uns nicht unterscheiden. Wir möchten wie die Herde sein. Wir wollen mit unserer eigenen Umgebung verschmelzen. Aber Gott will, daß wir anders sind.

Als Gott Israel rief, wollte er sie – wie Bileam sagte – als „ein Volk, das abgesondert wohnt und unter die Nationen nicht gerechnet wird“, haben (4. Mo. 23,9b). Er lehrte sie auf verschiedene Art und Weise die Wahrheit der Absonderung. Sie sollten ihre Felder nicht mit zweierlei Samen besäen (3. Mo. 19,19). Ihre Kleider sollten nicht aus zweierlei Stoff gewebt sein (3. Mo. 19,19). Sie sollten nicht mit einem Rind und einem Esel zusammen pflügen (5. Mo. 22,10). Aber Israel wollte nicht anders sein. Schon bald schrie das Volk nach einem König „gleich allen Nationen“ (1. Sam. 8,5.20). Die Parallele mit der heutigen Kirche bedarf keiner Ausarbeitung.

VOLLKOMMENE HEILIGUNG

Der vierte Aspekt ist die vollkommene Heiligung. Das ist jetzt noch Zukunft für die Gläubigen. Wenn sie den Herrn von Angesicht zu Angesicht sehen werden, werden sie auf ewig von der Sünde und dem Bösen abgesondert sein (1. Joh. 3,2). Sie werden dem Herrn moralisch gleich sein – vollkommen geheiligt.

Das ist gemeint, wenn wir in Kolosser 1,22 lesen: „in dem Leibe seines Fleisches durch den Tod, um euch heilig und tadellos und unsträflich vor sich hinzustellen.“

An einer anderen Stelle erinnert uns Judas daran, daß der Herr uns „vor seiner Herrlichkeit tadellos darzustellen vermag mit Frohlocken“ (Judas 24).

Dies sind also die vier Aspekte der Heiligung: das, was vor der Bekehrung geschieht; das, was bei der Bekehrung geschieht; das, was tagtäglich geschieht; und das, was geschehen wird, wenn wir den Herrn sehen werden. Der dritte Aspekt ist es, mit dem wir uns in diesem Buch besonders befassen.

DIE GANZE WAFFENRÜSTUNG GOTTES

Es gibt verschiedene Illustrationen zur Heiligkeit im Neuen Testament.

Heiligkeit ist wie das Ausziehen alter, verschmutzter Kleider und das Anziehen frischer, neuer Kleider (Kol. 3,9.10). Die neuen Kleider sind also das Leben Christi. Wir sollen „den Herrn Jesus Christus anziehen und nicht Vorsorge für das Fleisch treiben zur Erfüllung seiner Wünsche“ (Röm. 13,14).

Ein weiteres Bild der Heiligkeit ist der Weinstock. Christus ist der wahre Weinstock. Bleibt der Gläubige in Ihm, so produziert er Früchte eines christusähnlichen Charakters (Joh. 15,1-17). Paulus spricht hier von der Frucht des Geistes (Gal. 5,22.23).

In der einen Minute sieht Paulus die Heiligkeit als die Liebe, Mensch geworden in Christus, und dann im Gläubigen (1. Kor. 13). In der nächsten Minute gebraucht sein fruchtbarer Geist das Bild der Waffenrüstung eines Soldaten (Eph. 6,10-18). Betrachten wir einmal, wie er dieses Bild entwickelt.

WARUM WIR DIE WAFFENRÜSTUNG BRAUCHEN

Das Christenleben ist ein Kampf und jeder Christ ein Soldat. Es ist ein ständiger Kampf, obwohl der Angriff zeitweise stärker erfolgt als zu anderen Zeiten. Die Soldaten, die ihrem Feldherrn völlig ergeben sind, Ihm am nächsten stehen, sind besondere Zielscheiben. Der Feind verschwendet seine Munition nicht für solche Christen, die es nur dem Namen nach sind.

Das Endziel ist gesichert. „Wir sind mehr als Überwinder durch den, der uns geliebt hat“ (Röm. 8,37). Wenn der Herr für uns ist, kann niemand erfolgreich gegen uns sein (siehe Röm. 8,31). Tatsächlich wird jede feindliche Macht ihre Knie vor unserem Herrn Jesus beugen und bekennen, daß Er der Herr ist, zur Verherrlichung

Gottes, des Vaters (s. Phil. 2,11).

Warum sind dann so viele unserer Freunde auf dem Schlachtfeld liegengeblieben? Warum wurden so viele bekannte Prediger und Lehrer im Kampf geschlagen? Warum ist unsere Verlustrate so hoch? Die Antwort ist natürlich, daß der Feind eine Lücke in ihrer Waffenrüstung fand und sie genau da getroffen hat.

Wir stehen alle in der Gefahr, getroffen zu werden, genau wie die anderen. Um uns davor zu schützen, hat uns der Apostel Paulus in Epheser 6,10-18 ein kleines militärisches Handbuch gegeben. Es enthält alles Nötige, um den Kampf sicher und erfolgreich zu überstehen.

SEINE STÄRKE, NICHT UNSERE

Zunächst müssen wir stark sein im Herrn und in der Macht Seiner Stärke (V. 10). Wir spielen mit dem Tod, wenn wir loslegen, indem wir auf unsere eigene Stärke vertrauen. Der Feind hat übernatürliche Macht. Wir allein sind ihm gegenüber hilflos. Unsere größte Stärke ist die Einsicht unserer eigenen Schwäche und die Bereitschaft, Seine Kraft durch uns hindurch wirken zu lassen. Ist es nicht genau das, was Paulus meinte, als er sagte: „... wenn ich schwach bin, dann bin ich stark“ (2. Kor. 12,10)? Gottes Stärke ist in unserer Schwachheit vollkommengemacht (2. Kor. 12,9). Und wenn schwache Soldaten auf der Gewinnerseite stehen, gehört alle Ehre dem Einen, der sie dazu befähigt hat.

DIE GANZE WAFFENRÜSTUNG

Wir müssen jedoch die ganze Waffenrüstung Gottes anziehen. Wie wir sehen werden, besteht diese aus einem Gürtel, einer Brustplatte (Harnisch), Schuhen oder Sandalen, einem Schild, einem Helm, einem Schwert und vielen Gebeten. Vielleicht betrachtete Paulus gerade die Rüstung eines Soldaten, der ihn bewachte, als er dieses schrieb, und zog dazu geistliche Parallelen.

Wir müssen uns daher fragen: „Was ist das geistliche Gegenstück zur römischen Rüstung?“ Mit Sicherheit ist es nicht die buchstäbliche

Rüstung, denn „die Waffen unseres Kampfes sind nicht fleischlich, sondern göttlich mächtig zur Zerstörung von Festungen" (2. Kor. 10,4). Einige denken, dies beziehe sich auf unsere Stellung in Christus. Sie sagen z. B., die Brustplatte der Gerechtigkeit sei die Gerechtigkeit, mit der Gott uns nach unserer Wiedergeburt kleide. Bezöge sich die Waffenrüstung auf die Gerechtigkeit, Wahrheit, den Glauben und die Erlösung, die aufgrund unserer Beziehung zu Gott unser sind, so wären alle Gläubigen unverwundbar. Wir würden dann nie von Christen hören, die wegen unmoralischer Dinge oder falscher Lehre im Kampf fallen. Es bestünde keine Notwendigkeit für die christlichen Truppen, eine Waffenrüstung anzulegen, da sie ohnehin immer damit ausgerüstet wären. Nein, es kann sich nicht auf unsere Stellung in Christus beziehen. Es muß um unser tägliches und praktisches Leben gehen.

Wir glauben, daß die Waffenrüstung Gottes die Elemente eines starken christlichen Charakters beschreibt. Beachtet der christliche Streiter alle Kennzeichen eines tadellosen Lebens, findet der Feind nur wenig Angriffspunkte. Die Tatsache, daß uns befohlen wird, die Waffenrüstung anzulegen, zeigt, daß es bestimmte Dinge gibt, die wir tun sollen. Es ist eine Frage, von welcher Sorte Soldaten wir sind und wie wir uns verhalten.

DIE VORRICHTUNGEN DES TEUFELS

Die Waffenrüstung Gottes befähigt uns, standhaft zu bleiben gegenüber den Listen des Teufels (Eph. 6,11). Satan ist ein raffinierter Gegner, der unglaublich schlaue Tricks gegenüber Gottes Volk verwendet. Wir müssen unseren Feind kennen und ständig auf der Hut sein vor seiner teuflischen Strategie. Was sind einige seiner dämonischen Tricks?

Er ist ein Lügner, der Vater der Lüge, und war es von Anbeginn an (Joh. 8,44). Er belog Eva, indem er Gott in einem falschen Licht darstellte, und seitdem hat er immer gelogen in bezug auf Gott.

Er ist ein Betrüger. Er verstellt sich als ein Engel des Lichts und sendet seine Botschafter verkappt als Diener der Gerechtigkeit aus (2. Kor. 11,14.15). Manchmal betrügt er durch falsche Auslegung der Bibel und ein andermal durch große Zeichen und Wunder der Lüge

(2. Thess. 2,9). Als betrügerische Schlange versucht er Zweifel und Verleugnungen auszustreuen und Gottes Volk von der aufrichtigen und reinen Hingabe zu Christus abzubringen (2. Kor. 11,3).

Er ist ein Verleumder, der Verkläger der Brüder (Offb. 12,10). Alle, die Gottes Volk beschimpfen, tun des Teufels Werk.

Er ist ein Fälscher. Er hat eine Nachahmung von allem, was von Gott ist. Er gab den ägyptischen Zauberern die Macht, die Wunder Moses nachzuahmen (2. Tim. 3,8).

Er sät Traurigkeit. Paulus warnt die Korinther, daß, sollten sie einem reumütigen Übertreter nicht vergeben, Satan eine erneute Gelegenheit hätte, diesen in übermäßige Entmutigung zu stürzen (2. Kor. 2,7-11). Der Teufel weiß, daß Gott selten einen mutlosen Menschen gebraucht.

Eine seiner beliebtesten Strategien ist die Trennung und Eroberung. Er versucht Uneinigkeit unter die Heiligen zu bringen, da er weiß, daß ein Haus, das unter sich entzweit ist, nicht bestehen kann.

Manchmal tritt Satan als brüllender Löwe in Erscheinung, um zu terrorisieren und zu verschlingen (1. Petr. 5,8). Sein Ziel und das seiner Dämonen ist die Zerstörung. Er verfolgt die Kirche (Offb. 2,10). Er versucht den Menschen auch durch Drogen, Spiritismus, Alkohol, unmoralische Dinge und ähnliche Laster zu zerstören.

So wie der Teufel – durch Petrus sprechend – versuchte, den Herrn davon abzuhalten, ans Kreuz zu gehen (Mark. 8,31-33), so verführt er die Christen, sich selbst die Schande, das Leiden und den Tod zu ersparen, die mit dem Tragen des Kreuzes verbunden sind.

Häufig greift er auf das bösartigste gerade nach großen geistlichen Siegen und erhebenden Erfahrungen an, wenn die Gefahr, stolz zu sein, am größten ist.

DIE HEERSCHAREN SATANS

Daher ist klar, daß wir nicht gegen Fleisch und Blut kämpfen, obwohl wir es natürlich auch oft mit falschen Lehrern, Okkultisten und Gegnern der Wahrheit zu tun haben. Wir kämpfen gegen den Teufel und seine Untergebenen, die Paulus als Fürstentümer, Gewalten, Weltbeherrscher dieser Finsternis und die geistlichen Mächte der Bosheit in den himmlischen Örtern bezeichnet (Eph. 6,12). Das erinnert uns daran, daß unser Universum mit unsichtbaren bösen Geistern bevölkert ist, z. B. gefallenen Engeln. Sie besitzen ganz offensichtlich eine Gewaltenordnung, wie jedes Militär sie hat. Wir wissen nicht, in welchem Rang sie stehen, aber letztendlich unterliegen sie Satans Kommando. Diese dämonischen Mächte benutzen böse Menschen als ihre Handlanger, um das Werk Gottes zu behindern und Seine Diener zu verfolgen.

Wenn Paulus sagt, daß wir mit diesen bösen Mächten der Finsternis ringen, so heißt das nicht, daß sie unsere einzigen Feinde sind. Unsere drei Hauptgegner sind die Welt, das Fleisch und der Teufel. Aber in diesem Zusammenhang denkt Paulus in erster Linie an unseren Kampf gegen den Teufel und seine Heerscharen.

STANDHAFT SEIN

Wir benötigen die ganze Waffenrüstung Gottes, um standhaft zu sein. Der Feind, obgleich nicht allwissend, verfügt über ein weiträumiges Intelligenz-Netzwerk und weiß, wo wir am ehesten zu verletzen sind. Kein Charakterzug darf vernachlässigt werden.

In 2. Samuel 23,9.10 lesen wir von einem Mann namens Eleasar, der standhaft blieb und die Philister schlug, bis sein Arm ermüdete und seine Hand am Schwert klebte. Das ist die Ausdauer und Bestimmtheit, die wir in unserem Leben brauchen.

Paulus ist nun bereit, die einzelnen Teile der Waffenrüstung zu behandeln. Einige Lehrer vermuten, daß die ersten drei Teile die Grundrüstung bilden, die nächsten drei jedoch im aktiven Kampf gebraucht werden.

DER GÜRTEL DER WAHRHEIT

Der erste Teil ist der Gürtel der Wahrheit. Eigentlich diente der Gürtel dem Soldaten zum Halten seines Gewandes, damit es ihm nicht im Weg war. Wenn das hier gemeint ist, so benutzt der Christ das Wort der Wahrheit, um sich von all dem zu befreien, was ihn am guten Kampf des Glaubens hindert. Der Herr Jesus warnt Seine Jünger vor Völlerei, Trunkenheit und Lebenssorgen (Luk. 21,34). Paulus warnt davor, daß kein Soldat im Kriegsdienst sich in Beschäftigungen seines Lebens verstricke (2. Tim. 2,4). Wir müssen uns mit der Wahrheit umgürten, um uns vor Begierde, Wohlstand, Materialismus, Ruhm, der Lust nach Macht, Vergnügungssucht und luxuriösem Leben zu schützen.

Der Gürtel besagt ebenfalls, daß wir die Wahrheit bewahren müssen und die Wahrheit uns. Wir müssen uns hartnäckig an die wörtliche, völlige Inspiration der Schrift halten. Wir müssen daran festhalten, daß das Wort fehlerlos ist, so wie es ursprünglich gegeben wurde. Niemals darf auch nur ein Anflug des Zweifels bezüglich dieser Tatsache unsere Gedanken kreuzen – die Bibel ist das lebendige Wort Gottes. Niemals dürfen unsere Gedanken über der Bibel Gericht sitzen, sondern die Schrift sollte eher unsere Gedanken richten und beurteilen.

Aber es genügt uns nicht, an der Wahrheit festzuhalten. Die Wahrheit muß uns festhalten. Sie muß unser Leben kontrollieren. In der Praxis heißt das, daß wir uns täglich mit der Bibel zu beschäftigen haben. Es bedeutet, daß wir dem Wort gehorchen müssen. Es reicht nicht, einigen Abschnitten, die uns passen, zu gehorchen. Wir müssen jeder Aufforderung, die an uns gerichtet ist, gehorchen. Vielleicht waren die meisten Niederlagen im christlichen Kampf die Konsequenz der Vernachlässigung der Bibel. Es stimmt wirklich, daß „dieses Buch dich von der Sünde fernhalten wird, oder die Sünde dich von diesem Buch".

Es liegt eine großartige Sicherheit für den Gläubigen im Festhalten an der Wahrheit des Wortes Gottes, im Gehorsam gegenüber der Wahrheit und in der Darstellung der Wahrheit durch ein Leben in ständiger Ehrbarkeit und Integrität.

DER BRUSTHARNISCH DER GERECHTIGKEIT

Das zweite Stück der Ausrüstung ist der Brustharnisch der Gerechtigkeit. Einfach ausgedrückt heißt das, das zu tun, was recht ist in den Augen Gottes. Es bedeutet, ein feines Gewissen zu haben, um all das zu vermeiden, was falsch, dunkel oder fragwürdig ist. Sind wir mit dem Brustharnisch der Gerechtigkeit ausgestattet, gehen wir keine kleinen Kompromisse ein, die den Weg für größeren Mißbrauch ebnen.

Wir vermeiden Schmiergelder, „kleine Gefälligkeiten“ und Provisionen. Wir sind aufrichtig in unserer Einkommensteuererklärung. Wir fallen lieber durch ein Examen, als daß wir pfuschen. Wir gehorchen dem Gesetz. Wir widerstehen der Versuchung, das Spesenkonto zu belasten.

Der Herr Jesus trug diesen Brustharnisch der Gerechtigkeit zu jeder Zeit (Jes. 59,17), und Er ist unser Vorbild.

DIE SANDALEN DES EVANGELIUMS

Als nächstes lesen wir von dem Schuhwerk, genannt „die Bereitschaft des Evangeliums des Friedens“ (Eph. 6,15). Was bedeutet das? Es steht für die Bereitschaft und den Eifer, das Evangelium zu verkünden. Jeden Morgen ziehen wir dieses Schuhwerk an mit dem Gebet „Herr Jesus, führe mich heute mit Seelen zusammen. Öffne die Türen, so daß ich ihnen von Dir erzählen kann.“ Und wenn wir dann bei irgend jemand Anzeichen einer tiefen geistlichen Not sehen, sind wir bereit, ihn Schritt für Schritt zum Herrn zu führen. Wir haben Verse über die Sünde des Menschen auswendig gelernt, über das Werk des Herrn und die Verantwortlichkeit des Menschen, und der Heilige Geist hilft uns bei der Wahl des jeweilig passenden Verses.

Ein alter Bruder wurde ernsthaft krank ins Krankenhaus gebracht. Als ihn seine Familie am nächsten Tag besuchte und fragte: „Wie geht es Dir?“ antwortete er: „Sehr gut! Ich habe mit jedem in diesem Teil der Station über den Herrn gesprochen.“ Seine Füße waren beschuht mit der Bereitschaft des Evangeliums des Friedens.

DER SCHILD DES GLAUBENS

Der vierte Teil der Ausrüstung ist der Schild des Glaubens. Mit ihm sind wir imstande, alle feurigen Pfeile des Bösen auszulöschen (Eph. 6,16). Der Teufel nähert sich uns mit Zweifeln bezüglich der Bibel, bezüglich der Güte Gottes, unserer eigenen Errettung, mit Traurigkeit, Versuchungen zur Sünde, falschen Anschuldigungen und bösen Phantasien. Wir benutzen dann den Schild des Glaubens, wenn wir fest im Worte Gottes stehen, Seinen Vorschriften gehorchen und uns auf Seine Verheißungen berufen. Dann fallen Satans Pfeile unschädlich zu Boden.

Gott hatte Paulus verheißen, er käme vor den Kaiser, aber jetzt stand das Schiff, mit dem er nach Rom fuhr, in Gefahr zu sinken. Nach dem Schild des Glaubens greifend, sagte Paulus: „Denn ich vertraue Gott, daß es so sein wird, wie zu mir geredet worden ist" (Apg. 27,25).

DER HELM DES HEILS

„Nehmet auch den Helm des Heils" (Eph. 6,17a). Da ein Helm den Kopf schützt, bedeutet es also einen Schutz unserer Gedanken vor den intellektuellen Angriffen gegen das Wort Gottes. Wir werden ständig von hochtrabenden Verkündigungen noch größerer Kritiker bombardiert, von pompösen Erklärungen liberaler Theologen, von angeblichen Beweisen, daß die Bibel Irrtümer enthält. Wir müssen unsere Gedanken zu jeder Zeit schützen.

Die erste Sünde kam als Resultat einer Andeutung in die Welt, die durch die Schlange in Evas Gedanken gepflanzt worden war. Paulus hatte die gleiche Befürchtung, daß dies auch bei den Korinthern geschehen könnte. „Ich fürchte aber, daß etwa, wie die Schlange Eva durch ihre List verführte, also auch euer Sinn verderbt und abgewandt werde von der Einfalt gegen den Christus" (2. Kor. 11,3).

In 2. Korinther 10,5 finden wir, wie Paulus sich gegen solche Angriffe verteidigte: „indem wir Vernunftschlüsse zerstören und jede Höhe, die sich erhebt wider die Erkenntnis Gottes, und jeden Gedanken gefangen nehmen unter den Gehorsam des Christus." Das heißt, wir überprüfen jeden menschlichen Vernunftsschluß, jede Spekulation und Philosophie, ob sie mit der Lehre des Herrn übereinstimmen. Ist dies nicht der Fall, so weisen wir sie ab.

Jedoch hat der Helm des Heils noch eine zusätzliche Bedeutung. In 1. Thessalonicher 5,8 werden wir gedrängt, den Helm mit der Hoffnung der Seligkeit aufzusetzen. Die Hoffnung der Seligkeit gilt für die Zeit nach Ende des Kampfes, wenn wir in Sicherheit an den Ufern von Immanuels Land angekommen sind. Wie setzt ein Christ diesen Helm auf? Nun ja, es gibt Zeiten, wo sich der Kampf gegen uns zu entwickeln und der Feind die Oberhand zu haben scheint. Einige unserer bekannten Führer sind bereits gefallen. Viele Truppen fingen sehr gut an, sind aber mittlerweile geflohen. Andere sind so mit den Dingen ihres Lebens beschäftigt, daß sie keinen aktiven Kriegsdienst leisten können. Die Heerscharen der Hölle scheinen vorzustoßen, während die Sache Gottes zurückweicht. Wenn die neuen Angriffe bedrückend sind, so ist es wichtig, den Helm mit der Hoffnung der Seligkeit zu tragen. Dadurch sind wir fähig zu sagen: „Die Wellen mögen gegen uns sein, aber die Flut wird mit Sicherheit gewinnen. Der Sieg wird auf jeden Fall unser sein. Die Sache Gottes wird triumphieren."

DAS SCHWERT DES GEISTES

Der letzte Teil der Waffenrüstung ist das Schwert des Geistes, welches Gottes Wort ist (Eph. 6,17b). W. E. Vine gab diese hilfreiche Erklärung dazu: „Dies bezieht sich nicht auf die Bibel als Ganzes, sondern auf die Schriftstellen, die der Geist uns zu gelegener Zeit in Erinnerung bringt: eine Grundvoraussetzung in Form von regelmäßigem Speichern der Schrift in unserer Erinnerung."

Die klassische Anwendung des Schwertes des Geistes ist der Gebrauch des Wortes durch unseren Herrn, um den Versuchungen des Teufels zu widerstehen. Der Herr zitiert nicht wahllos irgendwelche Verse, sondern ganz bestimmte, die den Bedürfnissen der jeweiligen Situation entsprechen. Dreimal sagte Er: „Es steht geschrieben", und gebraucht dann vom Geist gegebene Schriftstellen, in denen verboten wurde, dem bösen Drängen des Teufels nachzugeben.

Damit uns der Heilige Geist den richtigen Vers zur gelegenen Zeit eingeben kann, müssen wir ihn vorher auswendig gelernt haben, oder ihn zumindest kennen. Diese Tatsache unterstreicht die Wichtigkeit des Verselernens. Als ein Student einem Freund anvertraute, daß sein Professor seinen Glauben mehr und mehr untergrabe, sagte der Freund: „Laß ab, mein Sohn, auf Unterweisung zu hören, die abirren macht von den Worten der Erkenntnis." Der Freund hätte das Schwert des Geistes nie anwenden können, hätte er nicht zuerst Sprüche 19,27 auswendig gelernt.

GEBET

Direkt nach den sechs Teilen der Waffenrüstung folgt der Ruf zum Gebet. Das Gebet ist kein Teil der Waffenrüstung, aber mit Sicherheit ist es der lebendige Kommunikationsstrang eines Soldaten zur Militärzentrale. Es ist die Atmosphäre, in der ein Soldat lebt und kämpft. Durch das Gebet erfährt er Gottes Pläne für den kommenden Tag. Durch Gebet fordert er die unsichtbaren Heerscharen des Herrn als Verstärkung an (2. Kön. 6,17). Durch Gebet erzielt er den Sieg.

Gebet muß kontinuierlich, nicht sporadisch, erfolgen. Wir müssen jede Art von Gebet verwenden: Fürsprache, Flehen, Bekenntnisse, Bitten – und alles verbunden mit Danksagung.

Es muß im Geist geschehen, d. h. geleitet von Ihm, geführt von Ihm und in Übereinstimmung mit Seinem Willen.

Man muß wachsam sein im Gebet („zu diesem Zwecke wachsam seiend") und beständig (wir müssen ständig fragen, ersuchen und klopfen).

Und wir müssen für alle Heiligen beten, da wir alle zusammen im Kampf stehen.

SCHLUßFOLGERUNG

Oft wurde darauf hingewiesen, daß Gott in der Ausrüstung eines christlichen Streiters keinen Schutz für den Rücken vorgesehen hat. Mit anderen Worten, es gibt keinen Rückzug. Gottes Soldaten müssen sich niemals umdrehen und wegrennen. Als Napoleons Männer dabei waren, in einem Mann-gegen-Mann Gefecht vernichtet zu werden, befahl er dem Trommler den Rückzug zu trommeln. Der Trommler erwiderte: „Sir, Sie haben mir niemals beigebracht, für den Rückzug zu trommeln." Diese Worte gaben Napoleon neue Entschlossenheit, und er kämpfte weiter, um einen spektakulären Sieg zu erringen.

Auch wenn es keinen Rückzug für einen Christen gibt, gibt es doch Zeiten, wo er fliehen sollte. Er sollte vor der Hurerei fliehen, d. h. jeder Form von sexueller Unmoral (1. Kor. 6,18). Er sollte vor dem Götzendienst fliehen – nicht nur vor den geschnitzten Bildern, sondern vor allem und jedem, das den Platz des Herrn in seinem Herzen und Leben einnimmt (1. Kor. 10,14). Er sollte vor der Begierde fliehen, vor der Geldliebe, vor dem Wunsch, reich zu sein (1. Tim 6,10.11). Er sollte den jugendlichen Lüsten fliehen, die die Seele bekämpfen (2.Tim. 2,22). In diesen Fällen stellt die Flucht weder Feigheit noch Mangel an Gnade noch Niederlage dar. Sie ist der einzige Weg, um für den Kampf in Höchstform zu bleiben.

Wir stehen zusammen in diesem Kampf. Laßt uns vereint bleiben und einer für den anderen beten, so daß wir im Glauben bis zum Ende durchhalten und nicht fallen. Als ein Missionar in Sünde fiel und das Missionsfeld verließ, vertraute ein Freund einem anderen an: „Es ist beschämend für mich, zuzugeben, daß ich nie für ihn gebetet habe. Ich habe nie gedacht, daß er vor dieser Art von Sünde bewahrt werden müßte." Wir brauchen alle das Gebet der anderen. Es kann jedem von uns passieren. Wir stehen alle in der Gefahr, im Glauben Schiffbruch zu erleiden.

GOTTES TEIL – UNSER TEIL
(1. THESS. 4,3)

Bei dem Gebiet der Heiligkeit handelt es sich um ein geheimnisvolles Gemisch aus dem Göttlichen und dem Menschlichen. Gott will, daß wir alle heilig sind. Nur Er kann uns heiligen. Und Er will uns die nötige Kraft dazu schenken. Aber Er wird es nicht ohne unsere Beteiligung tun.

Wir müssen uns selbst auf den Weg der Segnungen bringen.

> „Es ist ein Fehler, auf die Heiligkeit in Form eines gütigen Wunders zu warten oder Gottes Hilfe als unerwartetes Geschenk in bekannten Situationen zu erwarten. Es gibt klar gekennzeichnete Pfade, die geradewegs zu grünen Weiden führen; laßt uns ihnen folgen. Wünscht man heilig zu sein, vernachlässigt jedoch z. B. das Gebet und die Hingabe, so bedeutet das den Wunsch, den einen Weg zu gehen, aber einen anderen einzuschlagen."

Es ist irreführend zu behaupten, daß die Heiligkeit allein durch den Glauben kommt. Das führt zu der Vorstellung, daß die Christen sich zurücklehnen könnten und wie Christus werden könnten, ohne ein Hinzutun ihrerseits. Dabei werden ungeniert Hunderte von Ermahnungen im Neuen Testament übersehen, die an ihren Willen gerichtet sind und ihren Gehorsam fordern.

Ebenso irreführend ist die Lehre, daß das Siegesleben in der Antwort auf einen Ruf zum Dienst liege. Niemand streitet ab, daß jemand dem Herrn sein Leben neu weiht durch so eine Erfahrung. Aber es ist nicht das Ein-und-Alles. In Wirklichkeit wird ihr Wert und ihre Bedeutung schnell verblassen, folgt nicht eine eifrige Ausübung.

Wir müssen uns also hüten vor so schönen Sprüchen wie: „Laß Gott für alles sorgen", „Glaube der Verheißung und empfange die Erfüllung" oder „Höre auf, Dich zu bemühen, und fange an zu vertrauen". Wie Donald Campbell sagt: „Der Geist wirkt nicht automatisch in dem Leben eines Gläubigen; Er wartet, daß man sich von Ihm abhängig macht."

KEINE SOFORTIGE HEILIGKEIT

Gott fand es unpassend, Heiligkeitstabletten auszuteilen, die, als eine Art göttliches Antibiotikum, das Problem ein für allemal lösen. Er gab auch kein Schnellverfahren oder eine Abkürzung zur Heiligkeit. Er schrieb vielmehr einen lebenslangen Prozeß vor, für den Er die Kraft bereithält und uns auffordert, sie Tag für Tag neu in Anspruch zu nehmen.

Die Erlösung kommt allein aus dem Glauben, die Heiligkeit jedoch aus Glauben und aus Werken.

Jeder von uns muß verändert werden. Ob wir griesgrämig sind oder nervlich reizbar, jähzornig, ungeduldig, taktlos, lieblos, empfindlich, selbstsüchtig, falsch, ob wir hemmungslos schwören oder fluchen, oder ob wir Gewohnheiten pflegen, die nicht zur Ehre des Herrn sind, wir müssen verändert werden. Der Herr kann diesen Wandel vollziehen. Er wartet sogar darauf. Aber Er wartet auch auf unsere Mitarbeit.

WIE DER MENSCH GEHEILIGT WIRD!

Die Frage ist: „Wie können wir sichergehen, daß eine einmal errettete Person ein heiliges Leben führen wird? Wie kann man am besten sicherstellen, daß diese Person ein Leben in Absonderung von der Sünde und der Welt führen wird?“

Wäre die Verantwortlichkeit, ein entsprechendes Programm zu entwerfen, dem Menschen überlassen, so wäre das Resultat mit Sicherheit ein System von Regeln und Verordnungen. Er würde darauf bestehen, daß der Christ unter Gesetz gestellt werden müßte. Durch das Erreichen gewisser Verhaltensnormen, würde der Gläubige heilig. „Tue dieses, und du wirst leben!“

Dies ist Heiligkeit durch Einhaltung von Gesetzen. Diese Gesetze mögen die Zehn Gebote beinhalten, die Beobachtung des Sabbaths, das Verbot von Alkohol, Drogen, Kinofilmen, Tabak, Tanzen, Unmoral usw. Die mögliche Anzahl der „Tu dies“ und „Tu das nicht“ wüchsen ins Unendliche.

Da aber ein Gesetz ohne Strafe nur ein guter Ratschlag ist, muß es auch ein Strafgesetz für diejenigen geben, die nicht dem Gesetz entsprechend leben. Und die am häufigsten vorgeschriebene Strafe ist dann der Verlust der Errettung. Mit anderen Worten, wir sind errettet durch Glauben; sollten wir jedoch ein unchristliches Leben führen, würden wir das ewige Leben verlieren. Diejenigen, die die Errettung durch das Halten von Gesetzen in der einen oder anderen Form verkünden, glauben ernsthaft, daß die Angst vor Bestrafung der einzige Weg ist, um Christen auf dem schmalen und geraden Weg zu halten.

Diese Annäherung an die Heiligkeit ist ein fataler Fehler. Sie ist nicht schriftgemäß und funktioniert auch nicht. Nirgendwo in der Bibel finden wir den Hinweis, daß wir durch das Halten gewisser Gesetze oder durch das Vermeiden gewisser Tabus heilig werden. Im Gegenteil, Paulus tadelt die Galater dafür, diese Lehre auch nur in Erwägung gezogen zu haben. Er fragt: „Seid ihr so unverständig? Nachdem ihr im Geist angefangen habt, wollt ihr jetzt im Fleisch vollenden?“ (Gal. 3,3). Mit anderen Worten, „wenn ihr an erster Stelle nicht durch das Halten von Gesetzen errettet werden könnt, wie könntet ihr durch diese Methode dann geheiligt werden?“ Wir können uns nicht aus eigenem Bemühen heiligen, ebensowenig, wie wir uns selbst retten können.

Dieser Versuch der Heiligung ist nicht nur unschriftgemäß, sondern er funktioniert auch nicht. James Denney sagte einmal, daß es nicht der Berg Sinai sei, durch den Menschen geheiligt werden, sondern der Hügel Golgatha. Das Gesetz verlangt Stärke von jemand, der nicht über sie verfügt, gibt selbst aber auch keine Kraft und verflucht den, der sie nicht aufbringen kann. Außerdem kam die Sünde unter Gesetz erst auf (Röm. 7,8-13). Aufgrund seiner bösen Natur will der Mensch genau das tun, was verboten ist. Das ist nicht der Fehler des Gesetzes, sondern die dem Menschen innewohnende Sünde.

GOTTES WEG DER HEILIGUNG

Gottes Weg der Heiligung ist anders, nämlich aus Gnade und nicht durch Gesetz. Der Herr sagt: „Ich habe euch durch Gnade errettet. Ich habe euch den in euch wohnenden Heiligen Geist gegeben, und Er wird euch befähigen, gemäß eurer Berufung zu wandeln. Wann immer ihr der Versuchung widerstehen werdet und euch von der Sünde abwendet, werde Ich euch belohnen. Die Triebfeder eures Handelns sei die Liebe und nicht die Furcht.“

Natürlich kommt dann die Frage auf: „Woher weiß ich, welches Verhalten gemäß der Berufung ist?“ Daher sagt Gott zu uns: „In Ordnung, Ich habe euch im Neuen Testament viele praktische Anweisungen für Gerechtigkeit gegeben. Einige dieser Anweisungen werden sogar Gebote genannt, aber denkt daran, es sind keine Gesetze mit entsprechenden Strafen. Es sind vielmehr ganz spezielle Beispiele des Lebensstils, der Mir gefällt.“

Vom Augenblick unserer Errettung an haben wir eine Stellung der Heiligkeit vor Gott erlangt. Da wir in Christus sind, haben wir eine heilige Stellung. Es ist unsere Verantwortung, darauf zu achten, daß unser praktisches Leben und unser Zustand mit unserer Stellung übereinstimmen.

LIEBE, NICHT FURCHT

Unter der Gnade ist das Motiv für Heiligkeit Liebe und nicht Furcht. Gläubige haben ganz instinktiv den Wunsch zur Heiligkeit, wenn sie an den Preis denken, den der Herr Jesus zur Erlösung von ihren Sünden gezahlt hat. Der Gedanke an Golgatha ist der stärkste Impuls, ein nüchternes, gerechtes und Gott wohlgefälliges Leben zu führen. Der Gläubige fragt und antwortet schnell:

> Benötige ich ein Gesetz,
> daß mich an Dich bindet?
> Mein Herz ist an Dich gebunden,
> in der Freude, niemals frei zu sein.

Vielleicht mag jemand dagegen einwenden: „Stellt man die Christen nur unter Gnade, werden sie hingehen und machen, was sie wollen und das Leben führen, das sie wollen." Mit anderen Worten, die Lehre von der Gnade veranlaßt zur Sünde. Spurgeon antwortet darauf:

> „Weder gemäß der Natur noch der Gnade kann der Mensch Argumente für die Sünde in der Güte Gottes finden ... Soll ich Gott hassen, weil Er so freundlich zu mir ist? Soll ich Ihn verfluchen, weil Er mich segnet? ... Der Gläubige in Jesus urteilt in einer anderen Art und Weise. Ist Gott so gütig? – Dann will ich Ihn nicht betrüben. Ist Er wirklich bereit, meine Übertretungen zu vergeben? – Dann will ich Ihn lieben und nicht mehr gegen Ihn sündigen ... Wir brauchen keine besseren oder stichhaltigeren Argumente, um einen Menschen zu einer aufrichtigen Hingabe für die Sache Gottes zu führen und zu einer Verabscheuung alles Bösen, als die Argumente, die in der freien Gnade Gottes begründet sind."

Zwar kann die Gnade, wie alles andere auch, mißbraucht werden. Zweifellos haben einige ihre Freiheit vom Gesetz als Vorwand für die Sünde mißbraucht. Aber das sind Ausnahmen.

Wir sind zwar nicht mehr unter Gesetz, aber nicht gesetzlos. Vielmehr sind wir Christus gesetzmäßig unterworfen, wie Paulus in

1. Korinther 9,21 aufzeigt. Der Herr Jesus – und nicht das Gesetz – ist die Richtschnur für das Leben eines Gläubigen.

Wir tun zwar, was wir wollen, aber nur in dem Sinn, daß das, was wir wollen, jetzt anders ist. Wir wollen heilig sein. Wir wollen der Versuchung widerstehen und vor ihr fliehen. Wir wollen Dinge tun, die dem Herzen Christi gefallen. Nur in diesem Sinne führen wir ein Leben, das uns gefällt.

Wir streiten nicht ab, daß es in allen Teilen der Kirche heute Christen gibt, die ein heiliges Leben führen. Aber einige tun es, weil sie fest in der Gnade Gottes gegründet sind. Andere tun es aus ihrer rechtlichen Orientierung heraus.

VOLLKOMMEN OHNE SÜNDE

Ist es für einen Christen überhaupt möglich, einen Punkt zu erreichen, an dem er nicht mehr sündigt, an dem er zu vollständiger Heiligung gelangt ist?

Es gibt einige, die ernsthaft glauben, daß das möglich sei. Sie behaupten, daß nach einer entscheidenden Erfahrung mit dem Heiligen Geist, normalerweise nach der Bekehrung, die sündige Natur ausgerottet sei. Von diesem Zeitpunkt würden sie nicht mehr sündigen. Unglücklicherweise haben sie keine ausgewogene, biblische Auffassung von dem, was Sünde eigentlich ist. Sie beschönigen oder entschuldigen Verhaltensweisen, die in Gottes Augen äußerst böse sind.

Sowohl die Bibel als auch die Erfahrungen der Christen zeigen, daß der Gläubige sündigt. Er sündigt jeden Tag. Alles, was er tut, ist mit Sünde behaftet. „Sünde ... verunreinigt selbst die besten Taten eines Gläubigen. Sie befleckt sein Bekenntnis. In seinen Tränen ist Schmutz, in seinem Glauben Unglauben." Welchen Unterschied macht dann die Bekehrung? Der Unterschied ist, daß die Sünde nicht länger regiert. Sie ist nicht mehr der Herrscher. Obwohl das Kind Gottes nicht frei von Sünde ist, sündigt es weniger. Anstatt der Sünde nachzulaufen, läuft es ihr nun davon. Jemand sagte einmal: „Der wahre Christ ist nicht jemand, der die Fähigkeit zu sündigen verloren hat, sondern den Willen und die Bereitschaft dazu." Er haßt jetzt die Sünde. Er kann nicht länger gleichgültig mit ihr umgehen, sich an ihr freuen, weiter mit ihr leben oder mit ihr angeben. Er schämt sich seiner Sünden und fühlt sich beschmutzt. Jetzt aber hat er den Heiligen Geist, Der ihn zu einem heiligen Leben befähigt, wohingegen er vorher nicht über diese Macht verfügte.

Vielleicht fragt jemand: „Wenn ein Christ nicht frei von Sünde sein kann, warum heißt es dann in 1. Johannes 2,1: 'Meine Kinder, ich schreibe euch dieses, auf daß ihr nicht sündiget'? " Die Antwort darauf ist, daß Gottes Standard immer die Vollkommenheit ist. Ein heiliger Gott kann keinerlei Sünde dulden. Er könnte beispielsweise nicht sagen: „Sündige so wenig wie möglich." Das hieße, die Sünde zu billigen, und das kann Gott unmöglich tun. Also ist Sein Anspruch an Sein Volk die Vollkommenheit. Aber Er trifft auch sofort Vorkehrungen für ein Versagen. Im gleichen Vers sagt Er weiter: „Und wenn jemand gesündigt hat, wir haben einen Sachwalter bei dem Vater, Jesus Christus, den Gerechten." Schon im vorhergehenden Kapitel hat Johannes darauf hingewiesen, daß Christen sündigen:

> „Wenn wir sagen, daß wir keine Sünde haben, so betrügen wir uns selbst, und die Wahrheit ist nicht in uns" (1. Joh. 1,8). „Wenn wir sagen, daß wir nicht gesündigt haben, so machen wir ihn zum Lügner, und sein Wort ist nicht in uns (1. Joh. 1,10).

TOT IN SÜNDEN

Andere Verse scheinen zu belegen, daß ein Gläubiger frei von Sünde sein kann. Einige davon wollen wir näher betrachten:

> „Wir, die wir der Sünde gestorben sind, wie sollten wir noch in derselben leben?" (Röm. 6,2).

Dieser Vers spricht von der Stellung des Gläubigen. Gott sieht ihn als gestorben mit Christus. Der alte Mensch ist mit Ihm gekreuzigt worden. Aber Paulus bezieht sich auf unser praktisches Leben.

> „Also auch ihr, haltet euch der Sünde für tot, Gott aber lebend in Christus Jesus" (V. 11).

Wäre in Vers 2 gemeint, daß wir frei von Sünde sein können, so wäre die Ermahnung in Vers 11 nicht nötig. Drei weitere Verse in Römer 6 könnten den Anschein erwecken, daß die sündige Natur ausgerottet sei.

> „Denn wer gestorben ist, ist freigesprochen von der Sünde" (V. 7).

> „Freigemacht aber von der Sünde, seid ihr Sklaven der Gerechtigkeit geworden" (V. 18).

> „Jetzt aber freigemacht von der Sünde und Gottes Sklaven gewor-

> den, habt ihr eure Frucht zur Heiligkeit, als das Ende aber ewiges Leben“ (V.22).

In allen drei Versen gebraucht der Apostel das Bild von Sklaven und Herren. Vor unserer Errettung waren wir Sklaven der Sünde. Im Tode Christi sind wir der Sünde als unserem Beherrscher, d. h. als unserem Herrn, gestorben (V. 7). Wir sind nun freigemacht von der Gewalt der Sünde (V. 18.22) und sind Sklaven der Gerechtigkeit und Gottes geworden.

WAS BEDEUTET VOLLKOMMENHEIT?

Einige Verse im Neuen Testament beinhalten Worte wie „vollkommen“, „vollkommen gemacht“ und „Vollkommenheit“, so daß sich dem flüchtigen Leser ein Gedanke an „Freiheit von Sünde“ aufdrängt. Im allgemeinen bedeutet das Wort „vollkommen“ so viel wie „komplett“, „ausgewachsen“ oder „reif“. Auf die noch auf der Erde lebenden Christen bezogen, bedeutet es jedoch niemals „frei von Sünde“. Der Kontext gibt normalerweise Aufschluß über den jeweiligen Gebrauch des Wortes.

> „Ihr nun sollt vollkommen sein, wie euer himmlischer Vater vollkommen ist“ (Mt. 5,48).

Welcher Zusammenhang ist erkennbar? Gott „läßt die Sonne aufgehen über Böse und Gute und läßt regnen über Gerechte und Ungerechte“ (V.45b). Wenn wir unsere Feinde lieben, die segnen, die uns fluchen, denen wohl tun, die uns hassen und für die beten, die uns beleidigen und verfolgen (V. 44), so haben wir wirklich Teil an dieser Art der Vollkommenheit nach dem Wesen Gottes.

> „Nicht daß ich es schon ergriffen habe oder schon vollendet sei“ (Phil. 3,12).

Paulus sagt hier lediglich, daß er das Ziel, zu dem der Herr ihn berufen hat, noch nicht ganz erreicht hat. Er weist Vollkommenheit als Zustand, den er erreicht haben könnte, weit von sich.

„So viele nun vollkommen sind, laßt uns also gesinnt sein“ (Phil. 3:15).

In der neuen King James Version wird hier „vollkommen“ hilfreich durch „reif“ ersetzt. Der Apostel spricht hier also von denen, die reif und ausgewachsen in bezug auf das Wissen über die göttlichen Dinge sind.

„Alle Schrift ist von Gott eingegeben und nütze ... , auf daß der Mensch Gottes vollkommen sei, zu jedem guten Werke völlig geschickt“ (2. Tim. 3,16.17).

Die neue King James Version verändert „vollkommen“ zu „völlig“. Die Schrift ist so gegeben, daß der Mensch Gottes in der Wahrheit gut fundiert sein kann und auf diese Weise auch gut ausgerüstet ist.

„Deshalb, das Wort von dem Anfang des Christus lassend, laßt uns fortfahren zum vollen Wuchse“ (Hebr. 6,1).

Die frühen hebräischen Christen waren noch nicht über die Lehren des Alten Testaments hinausgewachsen. Der Schreiber drängt sie nun, zum vollen Wachstum der Wahrheit des christlichen Glaubens zu gelangen. Offensichtlich gilt dieser Vers nicht einer bereits erreichten Vollkommenheit.

„Welches (der Dienst im Heiligtum) ein Gleichnis auf die gegenwärtige Zeit ist, nach welchem sowohl Gaben als auch Schlachtopfer dargebracht werden, die dem Gewissen nach den nicht vollkommen machen können, der den Gottesdienst übt“ (Hebr. 9,9).

Die Schlachtopfer von Tieren können dem, der opfert, nie ein reines, vollkommenes Gewissen bezüglich der Sünde geben, da sie keine Sünde hinwegtun können.

„Denn mit einem Opfer hat er auf immerdar vollkommen gemacht, die geheiligt werden“ (Hebr. 10,14).

Das heißt also, daß dem Gläubigen ein vollkommener Status zuteil geworden ist vor Gott durch das eine Opfer des Christus. Es kann sich nicht um eine moralische Vollkommenheit handeln, da es weiter heißt, daß sie „geheiligt werden“. Diese weitere Heiligung wäre unnötig, wären wir frei von Sünde.

> „Der Gott des Friedens aber ... vollende euch in jedem guten Werke, um seinen Willen zu tun“ (Hebr. 13,20.21).

Und wieder ersetzt die neue King James Version „vollkommen“ durch „vollendet“. Der Schreiber wünscht seine Leser völlig ausgerüstet zu sehen, damit sie den Willen Gottes vollbringen können.

> „Wenn jemand nicht im Wort strauchelt, der ist ein vollkommener Mann, fähig, auch den ganzen Leib zu zügeln“ (Jak. 3,2).

Der Mann, der reif genug ist, seine Zunge zu zügeln, ist auch reif, seine anderen Leidenschaften zu zügeln.

> „Ich kenne deine Werke ... denn ich habe deine Werke nicht völlig erfunden vor meinem Gott“ (Offb. 3,1.2).

Die Werke der Versammlung von Sardes waren insofern nicht vollkommen, als sie nicht mit dem Bekenntnis der Gläubigen übereinstimmten. Dem Ruf nach waren sie lebendig, aber sie waren tot.

In allen besprochenen Fällen, wurde die Bedeutung der Wörter „vollkommen“, „vollkommen gemacht“ und „Vollkommenheit“ durch den Zusammenhang bestimmt. Aber unter keinen Umständen sprechen diese Worte von der Sündlosigkeit.

Ein weiterer Vers wird häufig angeführt, um die Möglichkeit des Todes der sündigen Natur zu beweisen.

> „Er selbst aber, der Gott des Friedens, heilige euch völlig; und euer ganzer Geist und Seele und Leib werde tadellos bewahrt bei der Ankunft unseres Herrn Jesus Christus“ (1. Thess. 5, 23).

Paulus betet hier für die Gläubigen, daß die Heiligung jeden Teil ihres Seins erreiche – Geist, Seele und Leib – so daß sie tadellos seien am Tage der Wiederkehr Christi.

Dann gibt es noch die verwirrenden Verse im 1. Johannesbrief.

„Jeder, der in Ihm bleibt, sündigt nicht“ (3,6).

„Jeder, der aus Gott geboren ist, tut nicht Sünde, denn sein Same bleibt in ihm; und er kann nicht sündigen, weil er aus Gott geboren ist“ (3,9).

„Wir wissen, daß jeder, der aus Gott geboren ist, nicht sündigt; sondern der aus Gott Geborene bewahrt sich, und der Böse tastet ihn nicht an“ (5,18).

Wie wir bereits im Kapitel über die Befreiung von der Macht der innewohnenden Sünde gesehen haben, sprechen diese Verse von dem gewöhnlichen Verhalten. Die Verben stehen im Präsens und im Partizip. Der aus Gott wiedergeborene Mensch praktiziert keine Sünde. Er lebt nicht in Sünde. Sein Leben wird nicht von der Sünde charakterisiert. Aber er sündigt. Streitet er diese Tatsache ab, betrügt er sich selbst und macht Gott zum Lügner (1. Joh. 1,8.10; 2,1).

Aber kann man die Lehre der sündlosen Vollkommenheit ernst nehmen? Jede Lehre, die gegen Gottes Wort verstößt, ist ernstzunehmen. Viele ernsthafte, aufrichtige Gläubige, die sich für die sündlose Vollkommenheit aufgerieben haben, mußten desillusioniert aufgeben. Und häufig litten sie danach an Depressionen und Nervenzusammenbrüchen. In seinem Buch 'Holiness, the False and the True' (Heiligung – Zerrbild und Wirklichkeit) erzählt H.A. Ironside von seiner vergeblichen Suche nach vollkommener Heiligung, seines emotionalen Zusammenbruchs und dem Frieden, den er erlangte, als er in die wahre Lehre der christlichen Heiligkeit eingeführt wurde.

PRINZIPIEN DES CHRISTLICHEN VERHALTENS

Die Frage ist: „Was ist ein angemessenes Verhalten für einen Gläubigen? Was darf er tun, was sollte er unterlassen? Ist diese oder jene Aktivität richtig oder falsch?"

Als man vor Jahren diese Frage stellte, dachten die Leute sofort an Alkohol, Rauchen, an das Kartenspiel und Tanzen. Die Tendenz hat sich geändert. Heute macht man sich über die Leute lustig, die noch immer an diesen „altmodischen Tabus" festhalten. Sie werden mit kleinen Singsprüchen karikiert: „I don't smoke and I don't chew and I don't go with girls who do" (Ich rauche nicht und kaue keinen Tabak und gehe nicht mit Mädchen aus, die das tun). Heiligkeit, so wird uns gesagt, hat eher etwas mit Haltungen und Motiven zu tun als mit Taten. Die Wahrheit bildet sich aus allen drei Dingen.

Die Bibel gibt uns einen generellen Leitfaden, wie ein Gläubiger seiner himmlischen Berufung gemäß leben kann. Sie beantwortet unsere Fragen so konkret, daß eine weitere Suche nicht nötig ist. Beispielsweise lehrt sie uns, daß es nicht richtig ist, ein ungleiches Joch einzugehen (2. Kor. 6,14). Ein Gläubiger sollte keinen Ungläubigen heiraten, eine geschäftliche Verbindung mit einem Ungläubigen eingehen oder sich im Dienst für den Herrn mit einem Ungläubigen engagieren. Wir brauchen gar nicht erst dafür zu beten oder um Rat zu fragen. Die Antwort steht schon in Gottes Wort.

Aber Hunderte von Situationen tauchen in einem Christenleben auf, die nicht direkt in der Schrift behandelt werden. Würde die Bibel jeden Problembereich abdecken, so wäre sie so umfangreich, daß man sie nicht mehr mit sich herumtragen könnte.

Was Gott also getan hat, ist folgendes: Er hat uns eine Reihe von Prinzipien gegeben. Taucht eine Frage auf: „Ist es für mich in Ordnung, dies oder jenes zu tun?" wenden wir die Prinzipien eins nach dem anderen an. Ich kann mir kein Problem denken, das wir nicht durch diese Methode lösen könnten. Es ist mit der Eingabe eines Problems in den Computer zu vergleichen, dem man dann die entsprechenden Befehle gibt, um auf dem Bildschirm die Antwort zu erhalten. Im Folgenden nun die Prinzipien, in Form von Fragen.

KANN ICH DAMIT IN IRGENDEINER WEISE GOTT VEREHREN?

Wir fragen immer: „Kann es irgendwie schaden?“ Aber wir sollten fragen: „Kann ich damit in irgendeiner Weise Gott verehren?“ Der Apostel Paulus gibt uns das Prinzip, daß, was irgend wir tun, wir es zur Ehre Gottes tun sollten, und das bezieht sich auch auf so allgemeine Sachen wie Essen und Trinken (1. Kor. 10,31). Ein bekannter Evangelist predigt das Evangelium zur Ehre Gottes und seine Frau macht den Abwasch aus demselben Motiv heraus. Über dem Spülbekken hängt ein Erinnerungsspruch: „Dreimal am Tag Gottesdienst an dieser Stelle.“ Jedes ehrbare Werk kann zur Ehre Gottes getan werden. Sogar christliche Sklaven können auf dem Feld arbeitend „als dem Herrn“ dienen, „als Knechte Christi“, „als dem Herrn und nicht den Menschen“ (Eph. 6,5-7).

Aber es bleiben viele Dinge, mit denen wir Gott nicht ehren können; Dinge, die unehrlich, unrein, ungerecht oder sogar fragwürdig sind. Es wäre lächerlich, den Kopf zu senken und zu beten: „Herr Jesus, sei geehrt durch das, was ich im Begriff bin zu tun.“

IST ES „VON DER WELT“?

Die Welt der unbekehrten Leute hat ihren eigenen Lebensstil, ihre eigene Mode, Musik, Religion und Philosophie. Es spricht eher die verderbte Natur, das weltbezogene Wesen des Menschen an als das, was Gott für ihn bestimmt hat.

Gläubige sind nicht mehr von dieser Welt, so wie Christus auch nicht mehr von dieser Welt ist (Joh. 17,16). Da die Welt Gott aber immer noch feindlich gegenübersteht, ist jeder, der die Welt liebt, Sein Feind (Jak. 4,4; 1. Joh. 2,15). Ist jemand von neuem geboren, so empfängt er eine vom Geist gegebene Intuition für all das, was von der Welt ist. Und im gleichen Maße, wie er in der Gnade wächst, kann seine Intuition schärfer werden.

Ein Gläubiger bestellte ein Fernsehgerät, das auf dem letzten Stand der Technik war. Als der Lieferwagen kam, schaute er aus seinem Fenster und sah die Werbung auf dem Wagen: „Wir bringen Ihnen die Welt ins Wohnzimmer!" Das war genug! Er sagte dem Fahrer, er solle das Fernsehgerät wieder mitnehmen.

WÜRDE JESUS ES GETAN HABEN?

Der Heiland hat uns ein Beispiel hinterlassen, damit wir Seinen Fußspuren folgen (1. Petr. 2,21). Also gilt diese Frage auf jedem Gebiet des Verhaltens: Was würde Jesus tun? Vor Jahren schrieb Charles Sheldon ein Buch „In Seinen Spuren", in dem eine christliche Versammlung entschied, diese Frage auf das tägliche Leben anzuwenden. Das Resultat war eine total umgekrempelte Gemeinde.

Einige mögen jetzt vielleicht einwenden, daß Jesus mit Zöllnern und Sündern aß (Mark. 2,15.16). Das ist wahr, aber es ist auch wahr, daß Er Gott, Seinem Vater, immer treu war, wenn Er so etwas tat. Er duldete niemals ihre Sünden oder schädigte Sein eigenes Zeugnis. Wir können auch mit den ungöttlichen Sündern essen, wenn wir ihre Sünden verurteilen (Eph. 5,11b) und ihnen das Evangelium verkünden (Röm. 1,14.15).

„Christi Beispiel, das Er in Seinem Leben auf der Erde gegeben hat, sollte als der einzige Maßstab für Heiligkeit vor unseren Augen stehen" (R. C. Chapman).

WÜRDE ICH GERNE DABEI ANGETROFFEN WERDEN, WENN JESUS WIEDERKOMMT?

Keiner weiß den Zeitpunkt der Wiederkehr des Heilands. Es kann jederzeit passieren. Johannes erinnert uns an die Möglichkeit der Beschämung bei Seiner Wiederkehr (1. Joh. 2,28). Wir wären beschämt, fände Er uns bei bösen oder fragwürdigen Aktivitäten vor oder bei der Befriedigung unserer fleischlichen Lüste. Wir wären beschämt, würde Er uns fragen: „Was tust du hier?" oder wenn Er uns fragte, wie Er einen abgeglittenen Petrus fragte: „Liebst du mich mehr als diese?"

Die Hoffnung auf die bevorstehende Wiederkehr des Herrn übt einen reinigenden Einfluß auf das Leben eines Gläubigen aus (1. Joh. 3,3). Aber es reicht nicht, nur mit dem Geist an der Wahrheit festzuhalten; die Wahrheit muß uns auch in der Praxis halten. Die Seine Erscheinung lieben (2. Tim. 4,8), das sind die jenigen, deren Leben geformt wird von der gesegneten Hoffnung.

WELCHER NATUR DIENT ES?

In einem anderen Kapitel werden wir die beiden Naturen noch eingehender behandeln. Hier reicht eine Zusammenfassung. Jeder Gläubige besitzt zwei Naturen – eine alte und eine neue. Die alte Natur ist unheilbar böse; die neue Natur ist unbeschreiblich gut. Diese beiden Naturen führen einen ständigen Kampf gegeneinander. Die Natur, der wir Nahrung zukommen lassen, ist auch die Natur, die gewinnt.

Wir „füttern" die Naturen durch das, was wir sehen, hören und tun; durch die Orte, zu denen wir gehen, durch unseren Umgang; durch unser Gedankenleben, welches wir führen. Wenn wir den Wolf in uns füttern, dürfen wir nicht erwarten, daß das Lamm gewinnt.

FÜHLE ICH MICH FREI, ES ZU TUN, WENN ICH DARAN DENKE, DAß MEIN KÖRPER DER TEMPEL DES HEILIGEN GEISTES IST?

Von dem Moment der Bekehrung an nimmt der Heilige Geist ständig Wohnung in einem Menschen ein (1. Kor. 6,19). Diese Person der Dreieinigkeit betrachtet den Körper als einen Tempel – einen heiligen Platz, den sie einnehmen kann. Wir sollen in dem Bewußtsein unseres heiligen Körpers leben und daran denken, daß er von einer Heiligen Person bewohnt ist. Solange wir an dieser Wahrheit festhalten, können wir sexueller Unreinheit, Völlerei und Trunkenheit widerstehen. Wir lassen es nicht zu, daß wir von krebserzeugenden Produkten abhängig werden, wie z. B. von Tabak oder Drogen, die den Geisteszustand verändern. Vielmehr folgen wir vernünftigen Grundsätzen der Gesundheit und Sicherheit, die unseren Körper in einem guten Gesundheitszustand halten für den Dienst des Herrn.

IST ES EIN PASSENDES VERHALTEN FÜR EIN KIND GOTTES?

Als Kinder des Königs sind wir gehalten, unserer hohen Berufung gerecht zu leben (Eph. 5,8b; Kol. 1,10).

Es wird eine Geschichte erzählt (es mag auch nur eine Geschichte sein) von dem Sohn König Ludwigs XVI. Als eine Hexe versuchte, ihn dazu zu bewegen, eine gemeine Sprache zu führen, ballte der kleine Prinz seine Fäuste, stampfte mit seinen Füßen und sagte: „Ich will es nicht sagen, ich will diese schmutzigen Wörter nicht aussprechen. Ich wurde geboren, um König zu werden und ich möchte nicht so reden."

Wenn wir jemand aus den Slums sehen, der sich im Dreck wälzt, mag es uns erschüttern, aber nicht erstaunen. Aber wenn wir den Sohn des Regierungschefs als Obdachlosen in einer Pennergegend sehen, sind wir schockiert. Wir erwarten das nicht von einem Sohn eines Regierungschefs. Die Menschen aus der Welt erwarten von den Gläubigen ein besseres Verhalten als von sich selbst. Wenn der Gläubige einmal ausrutscht, stürzen sie sich auf ihn: „O! Ich dachte, du wärst ein Christ!" Ganz gleich, ob sie selbst dieselbe Sünde gewöhnlich auch begehen!

Aber so sollte es auch sein. Die Welt sollte mehr von uns erwarten, und sie sollte es auch bekommen.

DREHT ES SICH UM EINE GELDAUSGABE, KANN DAS GELD BESSER ANGELEGT WERDEN?

Einige Dinge im Leben sind gut; andere besser; und wieder andere die besten von allen. Wir müssen ständig neue Werturteile fällen, um die Effektivität unseres Lebens zu maximieren.

Das Gute ist oft der Feind des Besten. Wir geben vielleicht Geld für Dinge aus, die keine Sünde sind, und doch können sie oberflächlich, vergänglich und unwichtig sein. Auf der anderen Seite könnten wir unser Geld für die Evangeliumsverkündigung gebrauchen, um uns ein Empfangskomitee an den Pforten der Herrlichkeit zu sichern (Luk. 16,9).

Dieses Prinzip zielt nicht darauf ab, den Leuten wegen jeder D-Mark, die sie ausgeben, die Gewissensfrage aufzuerlegen. Aber es soll ihnen die umwerfende Möglichkeit öffnen, diese Mittel für einen Dienst für Gott zu verwenden, der in alle Ewigkeit Bestand haben wird.

KÖNNTE ICH DIE ZEIT SINNVOLLER VERBRINGEN?

Auf jeden Fall sollte der Gebrauch unserer Zeit nicht eine Sache gesetzmäßiger Gebundenheit sein, sondern von herrlicher Freiheit. Jedem von uns sind jeden Tag 24 Stunden anvertraut, und wir müssen entscheiden, was wir damit anfangen. Es gibt unendlich viele Möglichkeiten, zum Guten, zum Bösen – und zur Verschwendung.

Als gute Verwalter sollen wir die Zeit auskaufen (Eph. 5,16), d. h. aus jeder Gelegenheit das Beste machen. Das bedeutet unumgänglich, viele Aktivitäten zugunsten solcher mit höherer Priorität aufzugeben. Es kann die Ablehnung von Einladungen bedeuten. Es kann die Verkürzung unserer Arbeitszeit bedeuten, um mehr Zeit für Gebet und Bibelstudium zu finden. Es sollte auf jeden Fall bedeuten, daß Versammlungen der Gemeinde den Vorrang vor Familienfesten und anderen gesellschaftlichen Verpflichtungen haben.

Die Treue im Treffen dieser Entscheidungen wird dazu führen, daß der Wirkungsbereich des Dienstes erweitert wird.

WELCHE WIRKUNG HAT MEIN VERHALTEN AUF ANDERE?

Gewisse Aktivitäten im Leben sind moralisch gesehen neutral. Das sind sogenannte Dinge moralischer Gleichgültigkeit. Ein Christ hat das Recht, diese Dinge zu tun. Sie sind an sich nicht falsch.

Aber diese Dinge werden falsch, wenn sie einem anderen Bruder ein Fallstrick sind oder ein Ärgernis. Lies nach, wie Paulus dieses Thema in Römer 14 behandelt:

„... sondern richtet vielmehr dieses: dem Bruder nicht einen Anstoß oder ein Ärgernis zu geben“ (V. 13b). „Denn wenn dein Bruder wegen einer Speise betrübt wird, so wandelst du nicht mehr nach der Liebe. Verdirb nicht mit einer Speise den , für welchen Christus gestorben ist“ (V. 15). „Zerstöre nicht einer Speise wegen das Werk Gottes“ (V. 20a).

Und in 1. Korinther 8,9-13 sagt der Apostel noch einmal:

„Sehet aber zu, daß nicht etwa dieses euer Recht den Schwachen zum Anstoß werde. Denn wenn jemand dich, der du Erkenntnis hast, im Götzentempel zu Tische liegen sieht, wird nicht sein Gewissen, da er schwach ist, bestärkt werden, die Götzenopfer zu essen? Und durch deine Erkenntnis kommt der Schwache um, der Bruder, um dessentwillen Christus gestorben ist. Wenn ihr aber also gegen die Brüder sündigt und ihr schwaches Gewissen verletzt, so sündigt ihr gegen Christus. Darum, wenn eine Speise meinem Bruder Ärgernis gibt, so will ich für immer kein Fleisch essen, damit ich meinem Bruder kein Ärgernis gebe.“

Wenn Paulus sagt: „Alles ist erlaubt, aber nicht alles erbaut“ (1. Kor. 10,23b), so ist in erster Linie nicht die Selbstauferbauung gemeint, sondern die Auferbauung der anderen.

Das leitende Prinzip des Verhaltens gegenüber allen anderen ist, ein Werkzeug zu ihrer Auferbauung zu sein, d. h. sie geistlich zu fördern. Das Ausnutzen einer Freiheit auf Kosten anderer, kann auch für einen selbst keinen rechten Gewinn bringen (W.E. Vine).

Obwohl ein Christ das Recht haben mag, Schweinefleisch und Schalentiere zu essen und Wein in Maßen zu trinken, hat er das noch größere Recht, auf diese Freiheit zu verzichten, wenn er einen anderen Bruder im Herrn damit betrübt.

Bekanntlich war Charles Haddon Spurgeon ein Raucher. Er verteidigte seine Gewohnheit, obwohl er eine von Gottes größten Gaben für die Kirche war. Es heißt, daß er eines Tages an einer Reklametafel folgendes sah: „Raucht den Tabak, den Spurgeon raucht!“ Das war genug, um ihn von seiner Gewohnheit abzubringen.

IST ES ZWEIFELHAFT?

„Alles aber, was nicht aus Glauben ist, ist Sünde“ (Röm. 14,23b). Das redet immer noch von Dingen moralischer Gleichgültigkeit, die an sich nicht falsch sind. Wenn ich denke, eine bestimmte Sache ist falsch, und ich gehe hin und tue sie trotzdem, dann habe ich gesündigt. Vielleicht ist es für einen anderen Christen keine Sünde; er mag die volle Freimütigkeit haben, diese Sache zu tun. Wenn ich jedoch kein reines Gewissen dabei habe, wenn ich es nicht aus Glauben tun kann oder im Vertrauen, daß es rechtmäßig ist, so sündige ich, wenn ich doch so handle.

Wenn es schwer zu sagen ist, ob die Wäsche weiß oder schmutzig grau ist, – handelt man nach der Regel: „Im Zweifelsfall ist sie schmutzig.“ Übertragen auf die moralisch gleichgültigen Dinge: „Ist es zweifelhaft, so ist es falsch, es zu tun.“

HAT ES DEN ANSCHEIN VON BÖSEM?

In 1. Thessalonicher 5,22 heißt es : „Von aller Art des Bösen haltet euch fern.“ Das enthält eine notwendige Warnung für uns. Ein unverheiratetes Paar kann zusammen durch das ganze Land fahren und vollkommen rein von unrechtem Geschlechtsverkehr sein, aber es setzt sich Verdächtigungen aus. Ein Sonntagschullehrer mag in eine Wirtschaft gehen, um eine Cola zu trinken, aber es wird schwer sein, einen seiner Schüler davon zu überzeugen, der zufällig vorbeikommt, als er die Wirtschaft verläßt.

IST ES EINE BÜRDE?

Es gibt einen Unterschied zwischen Sünde und Bürde. Eine Sünde ist immer falsch; eine Bürde muß nicht falsch sein, aber sie kann ein Hindernis sein. Wir sollten „jede Bürde ... ablegen und mit Ausharren laufen den vor uns liegenden Wettlauf“ (Hebr. 12,1). Bei den olympischen Läufen gibt es Regeln, die eingehalten werden müssen, sonst wird der Läufer disqualifiziert. Keine Regel hindert jedoch einen Läufer daran, mit zwei Pfund schweren Gewichten an den Gelenken zu laufen. Er kann es tun, aber er wird den Lauf nicht gewinnen.

Paulus dachte an Bürden, als er schrieb: „Alles ist mir erlaubt, aber nicht alles ist nützlich“ (1. Kor. 6,12a; 10,23a). Sie sind dem Wachstum für Christus nicht dienlich. Sie sind nicht unbedingt falsch, aber sie müssen auch nicht gewinnbringend sein.

Was ist eine Bürde in einem christlichen Lauf? Eine ungeistliche Freundschaft, ein aufreibender Beruf, ein überbeanspruchendes Hobby, ein beherrschender Sport, – all das kann einen Gläubigen daran hindern, den Preis zu gewinnen. Untergeordnete Aktivitäten, für die man übermäßig viel Zeit aufwendet, können zu einer Bürde werden.

MACHT ES MICH ZUM SKLAVEN?

Dies ist ein anderes Gebiet, wo etwas schon rechtmäßig sein kann, aber vermieden werden muß, wenn es zur Abhängigkeit führt. Der Apostel sagt: „Alles ist mir erlaubt, aber ich will mich von keinem überwältigen lassen“ (1. Kor. 6,12b). Er spricht hier von Dingen, die in sich nicht direkt falsch sind, aber falsch werden können, wenn sie uns in ihrer Gewalt haben. Paulus hätte es sich niemals selbst erlaubt, von Speisen oder Getränken abhängig zu werden. Wir können der Liste noch allerlei an sich nicht negative Dinge hinzufügen.

WIE ERSCHEINT ES IN DEN AUGEN CHRISTI?

Jemand meinte einmal, der höchste Test für christliches Verhalten sei die Frage, wie es in Christi Augen ist. Billigt Er es? Wäre es uns peinlich, säße Er neben uns?

Die Wahrheit ist, daß Er jederzeit bei uns ist. Das ständige Bewußtsein, daß der heilige Heiland unser ständiger Begleiter ist, bringt einen heiligenden Einfluß auf unser Leben mit sich.

Dies sind also die Prinzipien, die Gott uns als Leitfaden für unsere moralischen Entscheidungen gegeben hat. Wenn wir sie kennen, uns daran erinnern und sie anwenden, können wir sicher gehen, die Wahl zu treffen, die Seinem Herzen gefällt und uns auf dem Weg der Heiligkeit bewahrt.

DIE BEFREIUNG VON DER MACHT DER IN UNS WOHNENDEN SÜNDE (TEIL I)

Dale befand sich in qualvoller Verzweiflung. Es handelte sich um eine Sünde in seinem Leben, die ihn nicht losließ. Sie war schon vor seiner Bekehrung in seinem Leben, und jetzt, drei Jahre später, trieb sie ihn fast zum Wahnsinn. Aber wir wollen ihn die Geschichte erzählen lassen!

„Ich weiß, ich bin ein Christ. Ich habe zumindest alles getan, was die Bibel sagt, um einer zu werden. Ich habe meine Sünden bekannt und Jesus Christus als meinen Herrn und Heiland empfangen. Wenn das nicht reicht, weiß ich nicht, was ich sonst noch tun soll."

ERRETTET, DOCH GESCHLAGEN

„Das Problem ist, daß ich nicht siegreich bin in meinem Leben. Ich kämpfe einen hin- und herwogenden Kampf gegen die Sünde. Mal stehe ich oben und mal unten. Ich lebe für eine Zeit in dem Glauben, daß dieser Goliath in meinem Leben besiegt ist. Dann taucht die Versuchung auf. Meine erste Reaktion ist zu widerstehen. Aber angenehme Phantasien gehen mir durch den Kopf und schon bin ich voller Leidenschaft. Ich erliege der Versuchung und falle auf die Nase. Dem momentanen Vergnügen folgen Schande, Schuld, Niederlage, Frust und Wut. Wut auf mich selbst!

Kurze Zeit später ziehe ich mich selbst aus dem Morast, bekenne dem Herrn meine Sünde und beschließe, mit Seiner Hilfe das nie mehr zu tun. Alles ist großartig! Ich fühle mich rein. Ich kann wieder singen. Ich kann meinen Kopf wieder aufrichten und der Welt entgegensehen. Alles verläuft so weit ganz gut, so daß ich zuversichtlich bin, vollkommen davon frei zu sein."

O NEIN! NICHT SCHON WIEDER!

„Dann schlägt Satan mich mit doppelter Wucht. Das Tier in mir wird wach und weigert sich zu schweigen. Es baut sich ungeheurer Druck auf. Die Versuchung scheint unwiderstehlich. Ich weiß, ich sollte ihr nicht nachgeben. Ein Teil von mir will es nicht tun, der andere wohl. Ich bin moralisch gespalten. Alle meine besten Vorsätze stürzen ein, meine festen Entschlüsse lösen sich auf. Die ganze Geschichte beginnt von vorne. Das ganze Geschehen ist mir unerträglich vertraut. Da hänge ich wieder in den Seilen, eine moralische Niederlage. Ich hasse mich selbst. Ich wünschte, ich wäre tot. Ich bemerke, daß ich, nachdem ich wieder auf die Nase gefallen bin, kritisch und streitlustig werde. Anstatt es an mir selbst auszulassen, lasse ich es an den mir nahestehendsten und liebsten Menschen aus. Sie schauen oft ganz erstaunt, wenn ich sie so anknurre. Sie wundern sich, was sie falsch gemacht haben. Ich schiebe sie als die Schuldigen vor.

Die Zeit vergeht. Die brennende Schande läßt nach, und ich kehre zurück zum Fuß des Kreuzes und schreie erneut meine Reue hinaus. Ich schäme mich, um Vergebung zu bitten nach so vielen Malen. Wie oft wird Gott mir vergeben, bevor Er es leid ist? Aber es gibt keinen anderen Weg für mich. Ich berufe mich – trotz all meiner Depressionen und Mutlosigkeit – auf 1. Johannes 1,9: 'Wenn wir unsere Sünden bekennen, so ist er treu und gerecht, daß er uns die Sünden vergibt und uns reinigt von aller Ungerechtigkeit.'“

AB WANN IST ES VORSÄTZLICHE SÜNDE?

„Hatte ich jemals Selbstvertrauen, so ist das jetzt auf jeden Fall verschwunden. Ich gehe vorsichtig weiter, voll Angst, daß es noch einmal passiert. Gelegentlich fühle ich mich so frei, einen christlichen Dienst zu tun. In Wirklichkeit beschäftige ich mich bereitwillig mit vielen Dingen, so daß ich nicht in die Versuchung geraten kann zu sündigen. Für eine Zeitlang scheint es zu funktionieren. Aber – O nein! – die überwältigende Leidenschaft ist wieder da und schreit nach Befriedigung. Ich kenne diese Tatsachen sehr gut. Ich weiß, daß es falsch ist. Ich bin nicht betrogen worden. Ich gehe hin und sündige, weil ich es will.

Du sagst jetzt vielleicht, daß ich vorsätzlich sündige. Direkt am nächsten Morgen stoße ich auf Hebräer 10,26.27: 'Denn wenn wir mit Willen sündigen, nachdem wir die Erkenntnis der Wahrheit empfangen haben, so bleibt kein Schlachtopfer für Sünden mehr übrig, sondern ein gewisses furchtvolles Erwarten des Gerichts und der Eifer eines Feuers, das die Widersacher verschlingen wird.' Da haben wir es. Ich denke mir, ich habe vorsätzlich gesündigt und versinke in tiefe Niedergeschlagenheit. Ich versuche, mein Begehen vorsätzlicher Sünde mit der ewigen Sicherheit des Gläubigen in Einklang zu bringen und komme heillos durcheinander damit. Das Leben wird zum Gruselkabinett. Schließlich werfe ich mich auf den Herrn und schreie um Gnade. Die Worte von Psalm 51 scheinen auf meinen Fall zu passen. Also gebrauche ich sie, um meine Reue und mein Bekenntnis auszudrücken.

Ich kann nicht sagen, daß es eine sofortige Erneuerung ist. Vielleicht hat Gott mir vergeben, aber ich habe Probleme, mir selbst zu vergeben. Vielleicht hat Gott es vergessen, aber ich werde von der Erinnerung verfolgt. Ich weiß, daß Zeit nicht alle Wunden heilt, aber es scheint, daß die Zeit mir hilft, meine Schuld und Schande zu überwinden. Wenn ich an meine Sünde, die mich nicht losläßt, denke, schrecke ich mit Angst zurück. Ich preise den Herrn für jeden siegreichen Tag. Das Leben ist wieder lebenswert geworden."

KANN EIN CHRIST WEITER SÜNDIGEN?

„Während eines Kurzurlaubs auf Hawaii schlafe ich lange, esse zu viel und verwöhne ganz allgemein meinen Körper. Die alte Versuchung ist wieder da, anscheinend stärker als je zuvor. Mein Fleisch ist schwach. Meine Entschlüsse schmelzen dahin. Ich bin weit weg von zu Hause. Niemand kennt mich hier. Ich mache den sinnlosen Sprung und sündige. Nach einem kurzen Hochgefühl kommt das geistliche Tief. Ich bin benommen, taumele, bin betäubt.

Zufällig stoße ich im Radio auf einen christlichen Sender. Der Prediger erklärt, daß, auch wenn ein Christ Sünde begeht, er die Sünde trotzdem nicht praktiziert. Er führt Galater 5,19-21 an, um zu zeigen, daß die, die die Taten des Fleisches praktizieren, nicht das Königreich Gottes erben. Er formuliert einen Abschnitt aus 1. Johannes 3 ungefähr so: 'Niemand, der in ihm bleibt, praktiziert die Sünde. Niemand, der die Sünde praktiziert hat ihn gesehen, noch kennt er ihn. Derjenige, der weiterhin sündigt, ist vom Teufel; denn der Teufel hat von Anbeginn an gesündigt. Keiner, der aus Gott geboren ist, praktiziert die Sünde, da sein Same in ihm bleibt und er nicht mehr sündigen kann, da er aus Gott geboren ist' (Verse 6.8a.9).

Wo stehe ich dabei? Ich frage mich: Ich habe wiederholt diese Sünde begangen. Wie oft muß ich es noch tun, bis es Gewohnheit wird? Die alte Mühle arbeitet wieder in meinem Kopf. Es scheint mir wirklich so, als praktiziere ich diese Sünde. Ist das der Fall, so bin ich also nicht errettet. Aber ich glaube, ich bin errettet. Christus ist meine einzige Hoffnung für die Herrlichkeit. Ich weiß nicht, was ich denken soll. Meine Gedanken sind müde und mein Geist ist verzweifelt. Ich fühle mich durch und durch verdorben. Ich fühle mich gelähmt, was den Nutzen für Gott betrifft. Welchen Weg soll ich einschlagen?

Ich kenne nur einen Weg – hin zu Christus. Jetzt stehe ich wieder an der Eingangsstufe und bekenne weinend meine Sünde und Niederlage. Mein Gott, wie kann ich jemals frei werden von dieser ständigen Ursache für Niederlagen? Ich glaube, ich habe 1. Johannes 1,9 abgenutzt, aber was soll ich denn sonst tun?"

Das ist also Dales Problem. Er ist ein Bündel verwirrter Gefühle und braucht Hilfe.

Die große Frage ist: Wie kann Dale (und können auch wir) frei werden von der Macht der in uns wohnenden Sünde? Für einen gewissenhaften Gläubigen ist der hin– und herwogende Kampf eine Qual für seine Seele und eine Plage seines Lebens. Mehr als alles andere wünscht er sich, den Sieg über diesen Goliath zu erringen. Aber er befindet sich auf einer moralischen und emotionalen Achterbahn – die eine Minute oben, die nächste Minute unten.

Wenn wir eine Maßnahme zur Befreiung finden wollen, müssen wir einige Dinge wissen und verwirklichen. Zunächst müssen wir die Lehre richtig verstehen, dann müssen wir unsere Pflicht damit in Einklang bringen. Das ist die unveränderliche Ordnung im Neuen Testament. Was wir glauben, ist überaus wichtig. Je mehr wir z. B. von Gott empfangen, desto heiliger wird unser Leben sein. Oder je weniger Gedanken wir uns um den Ernst der Sünde machen, desto weniger heilig wird unser Leben sein. Es ist immer noch wahr, daß Gottes Volk aus Mangel an Erkenntnis zerstreut ist (Hos. 4,6) und genauso wahr ist es, daß sie durch die Wahrheit geheiligt werden (Joh. 17,17).

DIE ZWEI NATUREN

Was sollten wir also wissen? Zunächst einmal sollten wir wissen, daß jeder Christ zwei Naturen hat (Röm. 7:14-25). Die eine ist die alte, böse und korrupte Natur, mit der wir geboren wurden. Die andere ist die neue, reine und heilige Natur, die wir bei unserer Bekehrung empfangen. Wir könnten sie die Natur Adams und die Natur Christi nennen.

Die alte Natur ist vollkommen schlecht. Paulus machte da dieselben Erfahrungen wie auch wir; er sagte: „Denn ich weiß, daß in mir, das ist in meinem Fleische, nichts Gutes wohnt" (Röm. 7,18a). Daher sollten wir niemals nach etwas Gutem suchen in unserer alten Natur und auch nicht überrascht und enttäuscht sein, wenn wir nichts finden. Sie ist nicht nur vollkommen schlecht, sondern auch unheilbar schlecht. Sie ist auch nach einem langen Leben in Heiligkeit nicht besser als zu Beginn. Gott beschäftigt Sich nicht damit, die alte Natur zu verbessern. Er verurteilte sie am Kreuz auf Golgatha und möchte, daß wir tot sind gegenüber ihren Versuchen, unser Leben zu regieren.

Paulus vergleicht die alte Natur mit einem toten Körper, der auf seinem Rücken festgebunden war. (Natürlich verweste und stank die Leiche.) Sie war immer bei ihm, wohin er auch ging und veranlaßte ihn, verzweifelt zu schreien: „Ich elender Mensch! wer wird mich retten von diesem Leibe des Todes?" (Röm. 7,24)

Die neue Natur ist das Leben aus Christus und daher vollkommen gut und nur zum Guten fähig. Sie ist rein, großmütig, gerecht, liebevoll und wahr. Alle ihre Gedanken, Wünsche, Motive und Handlungen sind christusähnlich.

Es ist also nicht überraschend, daß zwei so unterschiedliche Naturen in einem ständigen Konflikt stehen. (Sie können schwerlich in Frieden miteinander leben, oder?) Dieser Konflikt beginnt mit der Bekehrung. Der junge Gläubige erlebt nun einen inneren Kampf, den er nie zuvor gekannt hat. Die alte Natur versucht, ihn zu Boden zu werfen, wie das Gesetz der Schwerkraft, wogegen die neue Natur versucht, ihn in die höchsten Höhen der Heiligkeit zu heben. Es ist ein sehr harter Kampf, so daß er des öfteren versucht ist, an seiner

Errettung zu zweifeln. Aber er sollte nicht zweifeln. Der eindeutige Beweis für seine Errettung ist dieser Konflikt. Der bestünde nicht, hätte er nicht zwei Naturen.

Der Konflikt der zwei Naturen wurde mit Rebekkas Erfahrungen verglichen, als sich die Zwillinge in ihrem Bauch stießen. Sie rief: „Warum bin ich dies?“ Was da im Körper Rebekkas vor sich ging, passiert in dem Herzen jedes wahren Gotteskindes, das versucht, mit Ihm zu leben:

> „Sind wir uns der Gegenwart des Geistes bewußt, so werden wir uns auch seines Gegners bewußt. Ein junger Christ neigt dazu, zu schreien: 'Warum bin ich so?' Der ältere Bruder, das Fleisch, will seinen Willen durchsetzen. Der jüngere Bruder, der Geist, ist ruhig und gelassen und scheinbar unfähig, sich durchzusetzen. Aber der ältere soll bei uns dem jüngeren dienen, wie es auch bei Rebekka war. Denn Gott hat uns Segnungen versprochen für alles, was aus dem Geist kommt, niemals jedoch für das, was aus dem Fleisch kommt“ (Barnhouse).

Dieser Konflikt, der bei der Bekehrung begann, währt ein ganzes Leben lang. Es ist ein Kampf ohne Ende, außer durch Tod oder Entrückung. Es ist aber auch gut zu wissen, daß wir in dem Augenblick, in dem wir den Heiland sehen werden, von unserer alten Natur befreit werden, denn Ihn zu sehen heißt, zu sein wie Er.

Es ist sehr wichtig, sich zu vergegenwärtigen, daß jedes Kind Gottes in diesem Konflikt steht. Paulus erinnert uns daran, daß uns keine Versuchung ergriffen hat, außer der, welche menschlich ist (1. Kor. 10,13). Junge Leute, die mit jugendlichen Lüsten zu kämpfen haben, denken oft, daß ältere Menschen, Prediger oder Missionare von solchen dunklen Leidenschaften und glühenden Versuchungen ausgeschlossen seien. Unsinn! Genau wie in Rebekka zwei Babies miteinander stritten (1. Mo. 25,22.23), so streiten sich auch in jedem Gläubigen zwei Naturen.

Die alte Natur ernährt sich von allem Unreinen, während die neue Natur nach allem, was rein und heilig ist, hungert. Sie sind wie der Rabe und die Taube, die Noah aus der Arche entließ. Der Rabe ernährte sich vom Aas und Abfall in der Flut. Die Taube jedoch kehrte so oft zur Arche zurück, bis sie ein trockenes Plätzchen zum Landen und etwas zu fressen gefunden hatte (1. Mo. 8,6-12). Die alte Natur ernährt sich gerne von den Vergnügungen Hollywoods und dem Schmutz im Fernsehen. Die neue Natur hingegen liebt die reine Milch des Wortes Gottes. Der wichtigste Aspekt an dieser Sache ist die Tatsache, daß die Natur, die wir nähren, auch diejenige ist, die gewinnt.

Ein Mann beschwerte sich darüber, daß sich seine beiden Hunde immer stritten. Als ihn sein Freund fragte, welcher der beiden Hunde gewinne, antwortete er: „Der, zu dem ich 'Mach ihn fertig' sage." Mit unseren beiden Naturen ist es dasselbe. Die, zu der wir sagen „Mach sie fertig", ist die, die gewinnt.

Jeder Christ begeht Sünden, auch wenn sein Leben nicht von der Sünde bestimmt wird. Er ist nicht frei von Sünde, aber er sündigt weniger. Wenn wir abstreiten, daß wir sündigen, betrügen wir uns selbst und machen Gott zum Lügner (1. Joh. 1,8.10). Leute, die behaupten, vollkommen frei von Sünde zu sein, wissen nur nicht, was Sünde eigentlich ist. Es ist jede Handlung, jeder Gedanke, jedes Wort, das nicht an Gottes Vollkommenheit heranreicht (Röm. 3,23). Es ist Gesetzlosigkeit, d. h. die Bestimmung des einzelnen über sich selbst (1. Joh. 3,4). Nicht nur, daß wir etwas Falsches tun, sondern wir sind unfähig, das Richtige zu tun (Jak. 4,17). Es sind Handlungen, die das eigene Gewissen verurteilt (Röm. 14,23). Ein Bruder sagte einmal, daß selbst die Reue durch das Blut Christi gereinigt werden müsse. Ein anderer, dem deutlich wurde, daß alles was er tat, von Sünde befleckt war, schrieb:

> „Für die heiligsten Stunden, die wir im Gebet auf unseren Knien verbringen, für die Zeiten, wenn wir glauben, daß unsere Loblieder Dir gefallen, Du Ergründer aller Herzen, gieße Vergebung über sie aus."

Ja, alle Christen sündigen. Ein Gerechter fällt siebenmal und steht wieder auf (Spr. 24,16). Aber wir dürfen nicht behaupten, daß wir sündigen müssen. Das steht nirgendwo in der Bibel und ist nicht wahr. Wenn wir sagen, wir müssen sündigen, dann hieße das tatsächlich, daß der Heilige Geist nicht mächtig genug ist, uns die Kraft zu geben, der Versuchung zu widerstehen. Aber Er ist es. Das Problem liegt nicht bei Ihm, sondern bei uns selbst. Wir sündigen, wenn wir Seine Kraft nicht in Anspruch nehmen. Wir sündigen, wenn wir wollen.

„Die Behauptung, daß ich sündigen muß, ist die Verleugnung der Grundlagen der Christenheit, denn die Sünde soll nicht mehr über den Gläubigen herrschen (Röm. 6,14). Zu sagen, daß ich nicht sündigen kann, heißt, sich selbst betrügen (1. Joh. 1,8); sage ich jedoch, daß ich nicht zu sündigen brauche, so erkläre ich ein göttliches Prinzip, denn das Gesetz des Geistes des Lebens macht uns frei vom Gesetz der Sünde (Röm. 8,2). Gott sei Dank, Der uns den Sieg gibt!" (Choice Gleanings).

Wir dürfen unsere Sünden nicht entschuldigen, indem wir der alten Natur die Schuld zuschieben. Das ist eine Art Schuldzuweisung, die nicht funktionieren wird. Gott macht die Person verantwortlich, nicht die Natur.

Vielleicht hast du schon einmal die erfundene Geschichte von dem Sprecher gehört, der zum Richter sagte: „Euer Ehren, es war meine alte Natur, die mit mir durchgegangen ist." Daraufhin sagte der Richter: „Ich erlege Ihrer alten Natur 50 DM für das Durchgehen auf und der neuen Natur 50 DM für die Tatsache, daß sie vor der Tat nur als eine Nebensächlichkeit existiert hat." Die alte Natur zu beschuldigen, ist nicht der richtige Weg.

FREUNDSCHAFT UND GEMEINSCHAFT

Sündigt ein Christ, so verliert er nicht seine Erlösung, aber er verliert die Freude an seiner Erlösung. Die Gemeinschaft in der Familie Gottes ist zerstört, jedoch das Verhältnis zu Gott ist nicht zerbrochen. Durch die Wiedergeburt ist er ein Kind Gottes geworden und nichts kann daran etwas ändern. Sündigen wir jedoch, so ist die Gemeinschaft mit Gott zerstört, da „Gott Licht ist und gar keine Finsternis in ihm ist" (1. Joh. 1,5). Der Geist der glücklichen Familie bleibt so lange gestört, bis die Sünde bekannt und vergeben worden ist (1. Joh. 1,9; Spr. 28,13).

Der Gläubige sollte wissen, daß es Vergebung aller Sünden gibt, die er begehen kann. Wir alle haben gewisse Sünden, die wir immer wieder begehen; diese unerwünschten Störenfriede, die uns scheinbar fest in der Hand haben; einige Gewohnheiten, die uns am Boden festnageln. Wie oft wir verzweifeln, ob wir jemals vollkommene und endgültige Freiheit finden! In Wahrheit zeigen sowohl das Wort Gottes als auch die menschliche Erfahrung, daß für Gott nichts zu schwer ist; keine Sünde ist größer als Seine Macht.

Ebenso wichtig ist es für uns, zu wissen, daß es kein einmaliges Ereignis ist, das uns ein für allemal von der Macht der in uns wohnenden Sünde befreit. Leider wird diese Tatsache in der heutigen Kirche oft verleugnet. Prediger bieten den Leuten häufig nur einen Ausschnitt der Heiligkeit an. Auf dem Höhepunkt ihrer Predigt fordern sie die Leute auf, nach vorne zu kommen und die Erfüllung, die Taufe oder das Leben des Sieges zu erlangen. Die Leute werden irregeführt, wenn sie glauben, daß eine solche einzelne Erfahrung sie auf höhere Ebenen der Heiligkeit versetzen würde.

Befreiung ist ein Schritt-für-Schritt Prozeß – und nicht ein augenblickliches Erlangen. Die Verheißung sagt: „Wie deine Tage, so deine Kraft!“ (5. Mo. 33,25b). Wenn wir angewiesen werden, „mit dem Geist erfüllt zu sein“ (Eph. 5,18), dann heißt das buchstäblich, „ständig mit dem Geist erfüllt zu sein“. Es ist eine gegenwärtige, fortlaufende Handlung. Kein geistliches Erlebnis, das wir vielleicht gestern abend hatten, garantiert uns die Befreiung, wenn heute Versuchungen auftauchen.

DIE VORSÄTZLICHE SÜNDE

Viele Gläubige leiden unter der unnötigen Furcht, die in Hebräer 10,26.27 beschriebene vorsätzliche Sünde begangen zu haben. Sie folgern, daß, da ihr Wille beteiligt ist, wenn sie sündigen, sie sich der vorsätzlichen Sünde schuldig gemacht haben und verdammt sind vom Gericht Gottes und von dem glühenden Zorn, der die Gegner Gottes verschlingen wird. Aber die vorsätzliche Sünde ist Abfall. In Vers 29 wird sie als das mit Füßen Treten des Sohnes Gottes bezeichnet, als das Gemeinachten des Blutes des Bundes, durch welches Er geheiligt worden ist, als die Schmähung des Geistes der Gnade. Kein wahrer Gläubiger kann jemals dieses Vergehens schuldig werden!

Auch die Tatsache, daß, obwohl ein Gläubiger sündigt, er die Sünde doch nicht praktiziert, muß uns deutlich werden. Die Sünde herrscht nicht mehr über ihn. Sie ist nicht die bestimmende Macht in seinem Leben. Eine Schriftstelle, die vielen in diesem Zusammenhang Schwierigkeiten bereitet, ist 1. Johannes 3,6.8a.9: „Jeder, der in ihm bleibt, sündigt nicht; jeder der sündigt, hat ihn nicht gesehen noch ihn erkannt ... Wer die Sünde tut, ist aus dem Teufel, denn der Teufel sündigt von Anfang ... Jeder, der aus Gott geboren ist, tut nicht Sünde, denn sein Same bleibt in ihm, und er kann nicht sündigen, weil er aus Gott geboren ist." Dem ersten Anschein nach sagen diese Verse wohl, daß ein wahrer Gläubiger keine einzige Sünde tut. Aber das kann nicht stimmen, denn im gleichen Brief schreibt Johannes, daß wir sündigen und daß wir gesündigt haben (1,8.10). Er schreibt auch, daß es Gottes Vorstellung von uns ist, nicht zu sündigen (2,1a), Er aber nichtsdestotrotz Vorkehrungen getroffen hat, sollten wir doch sündigen (2,1b). Was meint der Apostel also in Kapitel drei? Wir glauben, daß er über die Praxis der Sünde spricht, über unser gewohnheitsmäßiges Verhalten. Er sagt folgendes, was wir vielleicht so ausdrücken würden:

> „Wer in Ihm bleibt, praktiziert nicht die Sünde ... Derjenige, der beharrlich weiter sündigt, ist aus dem Teufel, denn der Teufel hat von Anfang an gesündigt ... Der, der aus Gott wiedergeboren ist, ist kein gewohnheitsmäßiger Sünder, denn Sein Same (das Wort) bleibt in ihm; und er kann nicht im Zustand der Sünde leben, da er aus Gott geboren ist."

Die Tatsache, daß Johannes hier über die Praxis der Sünde spricht, wird unterstützt davon, daß er geltend macht, daß der Teufel von Anfang an gesündigt hat; es ist sein charakteristisches Verhalten. Aber die Gläubigen sind nicht aus dem Teufel; ihr Leben ist nicht von der Sünde gekennzeichnet.

Es versteht sich von selbst, daß das Nachgeben einer Versuchung mit jedem Male einfacher wird. Andererseits wird es immer einfacher, der Sünde zu widerstehen, wenn wir ihr bereits einmal erfolgreich widerstanden haben. Jeder Sieg verhilft zu einem neuen Sieg. Widerstehen sollte zu einer Gewohnheit in unserem Leben werden.

Bevor wir uns nun von den Dingen, die wir wissen sollten, abwenden, ist es ganz nützlich, uns daran zu erinnern, daß es gewisse Einstellungen und Handlungen gibt, die unserem Streben nach Heiligkeit nicht dienlich sind. Askese hilft uns nicht. In Kolosser 2,23 sagt Paulus, daß die Selbstzüchtigung und Selbstverleugnung vielleicht den Anschein von Frömmigkeit erweckt, aber sie „helfen nicht, die Nachgiebigkeit unseres Fleisches zu zügeln“. Klösterlichkeit hilft nicht. Ein Mensch kann sich von der Welt in einer Klosterzelle abkapseln, aber er kann sich nicht von seiner alten Natur abkapseln. Selbstbeobachtung hilft auch nicht. In uns selbst gibt es keinen Sieg; die Selbstbeobachtung ist zu vergleichen mit einem Anker, den man ins eigene Boot wirft. Passivität ist keine Antwort. Diejenigen, die untätig auf Heiligkeit warten, werden sie nicht erlangen. Sie erlangen sie auch nicht durch ein intensives Studium der Versuchung. Je mehr wir über die Versuchung nachdenken, desto eher ist es möglich, daß wir ihr erliegen. Der Sieg ist natürlich auch nicht durch ein verzweifeltes Aufgeben zu erlangen. Das ist eine Niederlage, und besiegte Christen kann Gott nicht gebrauchen.

Das sind also die Dinge, die wir wissen sollten. Laßt uns nun zu den Dingen übergehen, die wir in die Tat umsetzen sollen.

BEFREIUNG VON DER MACHT DER IN UNS WOHNENDEN SÜNDE (TEIL II)

Nur Gott kann uns heiligen, aber ohne unsere Mitwirkung wird Er es nicht tun. Wie auf vielen Gebieten des christlichen Lebens gibt es auch hier eine geheimnisvolle Mischung aus Göttlichem und Menschlichem. Gott schenkt uns die Kraft, aber wir müssen uns selbst für sie öffnen. Einige Dinge müssen dabei beachtet werden.

BEKENNTNIS

Um uns selbst rein zu erhalten, müssen wir unsere Sünden bekennen und lassen, sobald wir uns ihrer bewußt werden (Spr. 28,13; 1. Joh. 1,9). Ein wahres Bekenntnis ist klar, ohne Bedingungen, ehrlich und aufrichtig. Es zerrt das Ungeheuer in die Gegenwart Gottes, nennt es ungeschminkt bei seinem Namen und bestimmt, was damit getan werden muß. Die folgenden Bekenntnisse sind nicht aufrichtig:

> „Sollte ich etwas Falsches getan haben, so hoffe ich, daß es mir vergeben wird."
> „Ich will dir vergeben, wenn du mir vergibst."
> „Ich habe eine Kiste Bartlett Birnen gestohlen, aber ich mache besser zwei daraus. Heute Nacht hole ich mir noch die andere." (Offensichtlich beabsichtigt er nicht, von dieser Sünde zu lassen.)
> „Ich habe ein Stück Seil gestohlen." (Unerwähnt bleibt, daß am Ende des Seiles ein Pferd befestigt war.)
> „Ich war unbesonnen, Herr." (Er hätte besser „betrunken" gesagt.)
> „Ich habe zwar etwas Falsches getan, aber die von der Kirche vorgenommene Zuchtmaßnahme geschah nicht in Liebe."

Ein aufrichtiges Bekenntnis klingt so: „Ich habe falsch gehandelt. Es tut mir leid. Vergib mir bitte." Es nennt die einzelnen Sünden beim

Namen, wie z. B. böse Gedanken, häßliche Flüche, bestimmte Gotteslästerungen, Sorgen, Habsucht, Stolz, Zorn, Völlerei, Geschwätz, Mangel an Glauben und alle anderen Sünden, vor denen wir Christen gewarnt werden. Das Bekenntnis nimmt keine Zuflucht zu Bedingungen, Entschuldigungen oder beschönigenden Ausdrücken, d. h. gutklingenden Namen für die schlimmsten Sünden. Es beschließt einen entschlossenen Bruch mit der Sünde zu machen.

Bekennen wir aufrichtig unsere Sünden, so können wir aufgrund der Autorität des Wortes Gottes sicher sein, daß unsere Sünden vergeben worden sind. Gott hat uns die Vergebung versprochen, wenn wir unsere Sünden bekennen, und Er steht zu Seinem Versprechen. Durch Glauben erlangen wir Vergebung.

Vielleicht sagt jemand: „Ich habe nicht das Gefühl, daß mir vergeben worden ist.“ Das mag so sein, aber dir ist vergeben, ob du es nun empfindest oder nicht. Die Sicherheit der Vergebung erlangen wir nicht durch wechselhafte Gefühle, sondern durch das unveränderliche Wort Gottes.

Ein anderer mag sagen: „Ich weiß, daß Gott mir vergeben hat, aber ich selbst kann mir nicht vergeben.“ Diese Einstellung ist eine Form von unnötiger Selbstquälerei. Wenn Gott uns vergeben hat, ist die Sache bereinigt. Warum sollen wir uns weiter mit Schuldgefühlen belasten?

Es stimmt auch, daß Gott vergebene Sünden vergißt (Hebr. 10,17). Das bedeutet nicht, daß Gott ein schwaches Gedächtnis hat, sondern eher, daß Er diese Sünden nicht wieder gegen uns vorbringen will. Sie sind insofern vergessen, als der Fall abgeschlossen ist. Ein reuiger Sünder, der in eine böse Gewohnheit zurückgefallen war, schreit um Vergebung: „O Herr, ich bekenne, es schon wieder getan zu haben.“ Um es überspitzt auszudrücken, könnte man sagen, daß der Herr antwortet: „Was hast du schon wieder getan?“ In einem Bruchteil von Sekunden nach dem Bekenntnis ist die Sache für den Herrn bereits abgetan.

Corrie Ten Boom erinnert uns daran, daß Gott nicht nur vergißt – Er stellt auch ein Schild auf: Fischen verboten. Er möchte nicht, daß wir unsere eigenen Sünden oder die von anderen, die bekannt und vergeben worden waren, wieder ans Tageslicht ziehen. Nur in einer Hinsicht sollten wir sie in Erinnerung behalten: als Warnung, diese Sünde nicht noch einmal zu begehen.

Außerdem sollte unser Bekenntnis den gleichen Umfang haben wie unsere Sünde, egal, ob nur Gott oder einem anderen Menschen gegenüber, dem wir Unrecht getan haben, oder sogar der ganzen Gemeinde gegenüber.

WIEDERGUTMACHUNG

Die Gnade Gottes lehrt uns, daß wir unsere falschen Handlungen der Vergangenheit in so weitem Ausmaß wie möglich berichtigen müssen. Das heißt, dem rechtmäßigen Eigentümer die entwendeten Dinge zurück zu erstatten. Es kann auch heißen, Zinsen für gestohlenes Geld zu bezahlen.

Zachäus ist das klassische Beispiel dafür im Neuen Testament. Nach seiner Bekehrung sagte er: „Siehe Herr, die Hälfte meiner Güter gebe ich den Armen, und wenn ich von jemand etwas durch falsche Anklage genommen habe, so erstatte ich es vierfältig" (Luk. 19,8). Er tat es nicht, um errettet zu werden, sondern weil er errettet war.

Die Wiedergutmachung muß aufrichtig und gründlich sein. Wir sollten nicht wie der Mann sein, der dem Finanzamt schrieb: „ Ich konnte nicht schlafen, da ich bei meiner letzten Einkommensteuererklärung mein Einkommen mit Absicht falsch angegeben habe. Anbei ein Scheck über 150 DM und sollte ich immer noch nicht schlafen können, übersende ich Ihnen auch noch den Rest."

Es gibt jedoch auch Situationen, in denen die Wiedergutmachung nicht mehr möglich ist, sei es aufgrund des langen vergangenen Zeitraums oder veränderter Bedingungen. Der Herr weiß aber auch darüber Bescheid, und wenn die Sünde bekannt ist, akzeptiert Er das aufrichtige Verlangen anstelle der vollbrachten Tat.

ÜBERGABE

So viel zur Wiedergutmachung. Wir kommen nun zu einem dritten Punkt, den wir verwirklichen müssen, um praktische Heiligkeit zu erfahren. Wir müssen uns selbst ganz dem Herrn übergeben und unsere Glieder als Instrumente der Gerechtigkeit (Röm. 12,1.2; 6,19). Die Übergabe beginnt meist in Form eines Ereignisses, muß dann aber als ein Prozeß fortfahren. Zunächst müssen wir unseren Körper als ein lebendiges Opfer dem Herrn darstellen. Danach jedoch müssen wir Tag für Tag und Augenblick für Augenblick Seinen Willen anstelle des unseren akzeptieren. Wir müssen Ihm die Kontrolle übergeben. Wir müssen uns selbst verleugnen, das Kreuz aufnehmen und Ihm nachfolgen. So wie uns das Bekenntnis rein erhält, so macht uns die Übergabe erreichbar.

BIBELSTUDIUM

Eine vierte, unerläßliche Notwendigkeit ist, nahe beim Wort zu bleiben. Gemeint ist das Wort Gottes zu lesen, auswendig zu lernen, zu studieren, darüber nachzudenken und ihm zu gehorchen. Der Psalmist erkannte die Verbindung zwischen der Heiligung und dem Wort: Er schrieb: „Wodurch wird ein Jüngling seinen Pfad in Reinheit wandeln? Indem er sich bewahrt nach deinem Worte ... In meinem Herzen habe ich dein Wort verwahrt, auf daß ich nicht wider dich sündige" (Ps. 119,9.11). Der Herr Jesus bestätigte diese Verbindung in Seinem Gebet: „Heilige sie durch die Wahrheit: Dein Wort ist Wahrheit" (Joh. 17,17). In den zwei folgenden zeitgemäßen Maximen kommt diese Verbindung ebenfalls zum Ausdruck:

> Dieses Buch wird dich von der Sünde fernhalten, oder die Sünde wird dich von diesem Buch fernhalten.
>
> Zwei Dinge kann Gott nicht voneinander trennen: Staub auf der Bibel und Eis auf dem Herzen.

Durch das Lesen des Wortes erfahren wir Gottes generellen Verhaltenskodex für uns. Durch das Auswendiglernen geben wir dem Heiligen Geist die Möglichkeit, uns an die entsprechenden Textstellen in Zeiten von Versuchung und Unentschlossenheit zu erinnern. Durch das Studieren bewahren wir uns vor falschen Lehren und falschen Erwartungen. Indem wir darüber nachdenken, werden wir verändert, da wir an dem Einen festhalten, von dem es spricht. Indem wir Ihm gehorchen, werden wir auf Pfade der Gerechtigkeit geführt.

Neben der Bibel gibt es keine Heiligkeit. Der gottesfürchtige

McCheyne sagte einmal: „Ich glaube, Gott könnte uns auch ohne das Wort heiligen. Er heiligte auch die Engel und Adam ohne das Wort. Aber Er wird es nicht tun. 'Heilige sie durch die Wahrheit; dein Wort ist Wahrheit.' Wie eine Mutter ihr Kind ernährt, so nimmt auch der Herr Jesus eine Seele und ernährt sie mit der Milch des Wortes." Menschen werden enttäuscht, wenn sie auf eine Erfahrung vertrauen, aber die ganze Woche lang die Bibel nicht aufschlagen.

GEBET

Heiligkeit erlangen wir auch nicht ohne Gebet. Als der Herr Jesus uns ein Muster eines Gebetes vorstellte, war es unvermeidlich, folgende Bitte mit einzuschließen: „Und führe uns nicht in Versuchung, sondern errette uns von dem Bösen." Kein Gebet ist vollständig ohne den Schrei des Herzens nach Behütung vor der Sünde.

Im folgenden nun einige Bitten, die wir unserer täglichen Gebetsliste hinzufügen können:

„Herr, befähige mich, ein heiliges Leben zu leben."
„Mache mich so heilig, wie es für einen Menschen auf dieser Seite des Himmels möglich ist."
„Halte mich fern von der Sünde, auch wenn ich sie begehen will."
„Erlaube bitte der Versuchung und der Gelegenheit zur Sünde nicht, zur gleichen Zeit aufzutreten."
„Laß mich bitte nicht als gottlosen alten Mann (oder gottlose alte Frau) sterben."
„Halte mich von allem fern, was Unehre auf Deinen Namen bringen könnte."
„Hole mich lieber heim in den Himmel, als mich in die Sünde zurückfallen zu lassen."

Es ist fair zu sagen, daß niemand erwarten kann, ein Leben in Heiligkeit zu leben, ohne seine Knie im Gebet abzunutzen.

GEMEINSCHAFT MIT ANDEREN CHRISTEN

Ein weiterer heiligender Einfluß ist die Gemeinschaft mit anderen Gläubigen. So wie sich im allgemeinen gleich und gleich gern zueinander gesellt, so sollte es auch Gottes Volk tun. Als Petrus und Johannes von den Hohenpriestern und Ältesten entlassen worden waren, suchten sie sofort die Ihrigen auf (Apg. 4,23). Wir werden ermahnt, die Zusammenkünfte der örtlichen Gemeinde nicht zu versäumen (Hebr. 10,25).

Das regelmäßige Gedenken an den Tod des Herrn beim Gedächtnismahl erinnert uns an den Preis, den der Herr für unsere Sünden bezahlt hat und ist daher eine wirkungsvolle Abschreckung vor der Sünde. Das Abendmahl des Herrn wird manchmal auch als ein Mittel der Gnade bezeichnet, nicht daß es uns eine besondere Gunst vor Gott verschaffte, sondern es stärkt unsere Widerstandskraft gegen den Bösen.

AKTIVER DIENST

Siegreiche Christen haben den Wert der ständigen Beschäftigung mit dem Herrn bewiesen (Ps. 73,17.23.24.28). Isaac Watts schrieb:

„Mit viel Arbeit
muß ich beschäftigt sein.
Denn für untätige Hände weiß Satan
immer eine schadenbringende Beschäftigung."

Anders ausgedrückt bedeutet das, daß die Zeiten der größten Versuchungen und Gefahren Zeiten der Untätigkeit sind. David lernte diese Lektion zu seiner Schande. Im Frühjahr des Jahres, als die Könige in den Krieg zogen, blieb David zu Hause, schaute sich um und hatte Gelüste (2. Sam. 11). Kurz darauf beging er Ehebruch und versuchte dann auch noch, seine Sünde durch einen Mord zu vertuschen.

Wenn wir an Sodom denken, denken wir an Homosexualität, aber Hesekiel erinnert uns an eine andere ihrer Hauptsünden, „ihre sorglose Ruhe" (Hes. 16,49). Kein Wunder, daß es ein Sündenpfuhl war!

Indem wir ständig für den Herrn arbeiten, können wir die sogenannte Sublimierung praktizieren, d. h. die Energie eines physischen Triebes wird von seinem ursprünglich primitiven Zweck auf einen kulturell und ethisch höheren umgelenkt. Vor allem diejenigen, die zum Unverheiratetsein berufen sind, müssen ihren Geschlechtstrieb in unermüdlichen Dienst umwandeln! Jemand sagte einmal, sie müßten sich in ihrer Arbeit umbringen und sich durch Gebet wieder zum Leben bringen. Tage, die mit produktiver Arbeit angefüllt sind, tragen eine ungeheure Sicherheit in sich.

DER KÖRPER UNTER KONTROLLE

Verbinde dies mit Disziplin für den Körper. Paulus sagte: „Ich zerschlage meinen Leib und führe ihn in Knechtschaft, auf daß ich nicht, nachdem ich anderen gepredigt, selbst verwerflich werde“ (1. Kor. 9,27). Eine heutige englische Version drückt es so aus:

> „Darum laufe ich direkt auf die Ziellinie zu; darum gleiche ich einem Boxer, der sich seine Schläge gut einteilt. Ich härte meinen Körper durch Schläge ab und bringe ihn unter vollkommene Kontrolle, damit ich nicht vom Wettkampf, zu dem ich auch andere gerufen habe, zurückgewiesen werde.“

Natürlich meinte Paulus hier nicht, daß er seinen Körper physisch mit Schlägen bearbeitete. Er wollte eher sagen, daß er Selbstkontrolle auf den Gebieten Geschlechtlichkeit, Schlaf, Essen und Bewegung ausübte. Er gab seinem fleischlichen Verlangen nicht nach und verwöhnte es auch nicht. Für viele von uns bedeutet das die Bereitschaft, tausendmal die Woche 'Nein' zu sagen. Es heißt auch, die derzeitige Weisheit dieser Welt abzulehnen: „Tue, was dir Spaß macht!“

Wir dürfen nicht vergessen, daß Gott uns für jedes erfolgreiche Widerstehen einer Versuchung belohnt. Jakobus schreibt: „Glückselig der Mann, der die Versuchung erduldet ...“ (1,12). Ella Wheeler Wilcox schreibt:

> „Wenn es um die Bücher der Unsterblichkeit geht, frage ich mich manchmal, ob wir darin nicht, wie wir denken, mit unseren Taten sondern mit dem , worin wir widerstanden haben, an unseren Plätzen angeschrieben sind.“

Es bedeutet, den Geschlechtsverkehr auf die Ehe zu beschränken. In dieser Gemeinschaft führt der Geschlechtsverkehr zur Erfüllung; außerhalb davon zerstört er nur. Das fordert eine gewisse Disziplin in bezug auf den Schlaf: ein Wecker kann ein sehr geistliches Teil in der Ausrüstung sein. Es bedeutet auch einen kontrollierten Verzehr von Lebensmitteln und Getränken, denn erinnern wir uns, „Fülle von Brot" war auch eine von Sodoms Sünden (Hes. 16,49). Es erfordert auch körperliches Training.

EIN REINES GEDANKENLEBEN

Genauso wichtig wie die Disziplin des Körpers ist die Kontrolle des Gedankenlebens. Tatsache ist, daß wir unsere Gedanken kontrollieren können, entweder gut oder schlecht. Das Gehirn ist die Quelle, aus der unsere Handlungen entspringen (Spr. 4,23). Jakobus drückt es noch klarer aus (1,13-15), daß die Sünde ihren Ursprung in unseren Gedanken findet. Wird sie dort lang genug genährt, so führt sie zur Handlung. Und die Handlung, wenn man sie ständig ausübt, führt zum Tod. Es ist mit einem Lebenszyklus zu vergleichen: Empfängnis, Geburt, Wachstum und Tod.

Wir werden wie unsere Gedanken. So wie ein Mensch in seinem Herzen denkt, so ist er auch (Spr. 23,7 anders ausgedrückt). Darum sollten wir den Gebrauch von Medien in unserer Zeit und allem anderen, was das Tier in uns weckt, gut kontrollieren. Ich ziehe die jungen Leute manchmal auf, indem ich ihnen erzähle, daß ich das Fernsehen nur zweimal in der Bibel finde:

> „Und das Wort Jehovas war selten in jenen Tagen, Gesichte waren nicht häufig" (1. Sam. 3,1b).
> „Wende deine Augen ab, daß sie Eitles nicht sehen!" (Ps. 119,37).

> [Anm. des Übersetzers: Das englische Wort für Fernsehen ist television oder TV. In der englischen Fassung heißt es in 1. Samuel 3,1b am Schluß: „there was no (tele-) vision." MacDonald fügte eben 'tele' ein. In Psalm 119,37 heißt die englische Version wie folgt: „Turn away mine eyes from beholding Vanity." Die Anfangsbuchstaben des ersten und letzten Wortes ergeben die Abkürzung für television, TV.]

Als an einem Neujahrsabend das Fernsehgerät eines gläubigen Ehepaars kaputt ging, fragten sie den Herrn, ob sie es ersetzen oder darauf verzichten sollten. Direkt am nächsten Morgen lasen sie Psalm 101. Sie bekamen die erbetene Antwort auf ihre Frage in Vers 2b und 3a: „Im Innern meines Hauses will ich wandeln in Lauterkeit meines Herzens. Ich will kein Belialsstück vor meine Augen stellen."

In jedem Leben gibt es Dinge, die zu bösen Gedankenverbindungen führen. Judas warnt uns, hier Gedankenkontrolle auszuüben, indem wir sie hassen (Judas 23).

Es gibt jedoch auch eine positive Seite der Gedankenkontrolle. Wir müssen nicht nur die bösen Gedanken hinaustun, sondern unser Denken auch mit allem, was rein und heilig ist, füllen (Phil. 4,8).

Die Erfahrung lehrt uns, daß wir nicht zwei Gedanken auf einmal haben können. Wende es einmal praktisch an – wir können nicht gleichzeitig über die Sünde und über Christus nachdenken. Daher gilt, je mehr wir über den Herrn nachdenken, desto reiner ist unser Leben. Wir können auch noch weiter gehen und sagen, daß, je mehr wir über den Herrn nachdenken, wir Ihm desto mehr ähnlich werden. Das schreibt Paulus auch in 2. Korinther 3,18:

> „Wir alle aber, mit aufgedecktem Angesicht die Herrlichkeit des Herrn anschauend, werden verwandelt nach demselben Bilde von Herrlichkeit zu Herrlichkeit, als durch den Herrn, den Geist."

Dieser Vers ist wichtig genug für das Gebiet christlicher Heiligkeit, daß er eine sorgfältige Analyse verdient.

„Wir alle aber" – D. h. alle wahren Gläubigen.

„mit aufgedecktem Angesicht" – Sünde bringt einen Schleier zwischen uns und den Herrn. Bekennen wir unsere Sünden und lassen wir von ihnen, haben wir ein aufgedecktes Angesicht. Nichts steht zwischen uns und dem Heiland.

„anschauend" – Das Wort Gottes ist ein Spiegel.

„die Herrlichkeit des Herrn" – In der Bibel sehen wir den moralischen Glanz des Herrn Jesus, die Perfektion Seines Charakters und die Schönheit all Seiner Werke und Taten.

„werden verwandelt nach demselben Bilde“ – Wenn wir Ihn anbetend betrachten, werden wir tatsächlich Ihm ähnlich. Wir werden verändert durch das Anschauen. Jemand sagte einmal: „Es ist der Blick, der rettet und das Anschauen, das heiligt.“

„von Herrlichkeit zu Herrlichkeit“ – Diese Veränderung findet von einer Stufe der Herrlichkeit zur anderen statt. Es geschieht nicht alles auf einmal, sondern setzt sich solange fort, wie wir uns mit Ihm beschäftigen.

„durch den Herrn, den Geist“ – Die Verwandlung unseres Charakters wird vom Heiligen Geist ausgeführt. Er ruft eine Ähnlichkeit mit Christus in all denen hervor, die im Glauben auf den Heiland schauen, so wie Er uns in der Bibel dargestellt wird.

DER VERSUCHUNG ANTWORTEN WIE EIN TOTER

Wir haben aber noch nicht ganz die Liste der Dinge ausgeschöpft, die wir in unserem Lauf verwirklichen müssen. Paulus erinnert uns daran, daß wir uns der Sünde für tot halten sollen (Röm. 6,11). Diese Bildersprache ist sowohl sehr lebendig als auch unvergeßlich. Stelle dir eine Leiche in einem satinausgeschlagenen Sarg vor. Eine ehemalige Geliebte geht auf den Sarg zu und grüßt. Keine Antwort! Sie lädt ihn für den Abend ein. Die Leiche liegt still und unbeweglich da. Sie versucht es mit jeder List, ihn zur Sünde zu verführen, aber es ist alles vergeblich; er ist tot. Folgendes ist eine Erinnerung des Augustinus aus seinen Lebenserfahrungen. Eines Tages näherte sich ihm eine Frau, die vor seiner Bekehrung einmal seine Geliebte gewesen war. Als er sich abwandte und schnell wegging, rief sie ihm hinterher: „Augustinus, ich bin's doch, ich bin's doch!“ Er ging noch schneller und rief ihr über die Schulter zu: „Ja, ich weiß, aber ich bin es nicht mehr!“

Wir halten uns der Sünde für tot, wenn wir auf das Flehen des Bösen genau auf die Art einer Leiche antworten. Aber wir bleiben dabei nicht stehen. Wir halten uns lebendig für Gott in Christus Jesus, unserem Herrn. Das heißt also, wir antworten dem Herrn mit ständigem Gehorsam und versuchen, immer das zu tun, was Seinem Herzen gefällt.

DIE BERÜHRUNG MIT BÖSEM VERMEIDEN

Ein weiterer praktischer Rat ist, unbedeutende Vertraulichkeiten zu vermeiden – Berührungen, Zärtlichkeiten, liebe Worte, Körpersprache, kokettes Benehmen. Außerdem sollten wir alles vermeiden, was unsere innere Widerstandskraft gegen die Sünde schwächen könnte, so z. B. Alkohol, sinnesverändernde Drogen, usw.

Unter Drogen- oder Alkoholeinfluß tun die Menschen Dinge, die sie normalerweise nicht tun. Erwin Lutzer kommentiert es so:

> „Noahs Erfahrung zeigt, daß Trunkenheit und Unanständigkeit gewöhnlich Hand in Hand gehen. Das ist die erste Stelle in der Bibel, in der Trunkenheit erwähnt wird, und schon sehen wir das Ergebnis – Noah liegt nackt in seinem Zelt. Alkoholkonsum schwächt immer die moralischen Abwehrkräfte eines Menschen. Nach wenigen Drinks schwinden die Hemmungen und vernünftige Menschen fühlen sich so frei, daß sie Dinge tun, die ihnen unter normalen Umständen peinlich wären. Neulich hörte ich zufällig, wie ein Mann von seinen unmoralischen Heldentaten erzählte: 'Wir hatten ein paar Drinks und dann …' Alkohol versetzt Menschen in die Lage, sich wie Tiere zu benehmen, ohne auch nur ein schlechtes Gewissen zu haben. Alkoholiker sagen, daß der Alkohol ihre Probleme nicht ertränkt, sondern sie nur verwässert."

FLIEHEN

Es gibt Zeiten, in denen wir bereitwillig drastische und entschlossene Entscheidungen treffen müssen. Als Potiphars Frau versuchte, Joseph zu verführen, hielt sie ihn an seinem Überwurf fest und befahl ihm, mit ihr ins Bett zu gehen (1. Mo. 39,12). Joseph wand sich aus seinem Überwurf, ließ ihn in ihren Händen zurück und floh. Er bewies, daß der, der kämpft, wegläuft, um an einem anderen Tag weiterzukämpfen. Uns wird besonders gesagt, der Hurerei zu fliehen (1. Kor. 6,18); Götzendienst (1. Kor. 10,14); Streitsucht und Geldliebe (1. Tim. 6,11) und den jugendlichen Lüsten (2. Tim. 2,22).

In diesem Zusammenhang sagte der Herr Jesus: „Wenn aber deine

Hand oder dein Fuß dich ärgert, so haue ihn ab und wirf ihn von dir ... Und wenn dein Auge dich ärgert, so reiß es aus und wirf es von dir" (Mt. 18,8.9). Damit meinte Er natürlich nicht, daß wir uns Körperglieder amputieren oder Augen ausstechen sollten. Er meinte eher, daß wir radikal mit Dingen umgehen sollten, die uns zur Sünde führen könnten.

Einige Witzbolde haben ganz passend vorgeschlagen, daß wir, wenn wir vor der Sünde fliehen, keine Nachsendeadresse hinterlassen sollten.

HILFERUF

Eine letzte Frage! Was sollen wir im Moment der brennendsten Versuchung machen, wenn wir fast überrumpelt werden und uns hilflos fühlen? Die Antwort ist: „Rufe den Namen des Herrn an." „Der Name Jehovas ist ein starker Turm; der Gerechte läuft dahin und ist in Sicherheit" (Spr. 18,10). Als Petrus merkte, daß er in den Wellen unterging, rief er: „Herr, rette mich" (Mt. 14,30). Der Herr rettete ihn sofort. Er macht es immer so.

ZWEI KÖNIGREICHE

Dies ist die Geschichte der zwei Königreiche. Das eine wird Welt genannt und das andere ist das Königreich des Sohnes Gottes. Sie sind völlig verschieden und unvereinbar. Das eine ist ein Bereich moralischer und geistlicher Dunkelheit, das andere ein Bereich des Lichts. Ein großer Strom liegt zwischen ihnen.

DIE WELT

Wenn wir in diesem Sinne von der Welt sprechen, meinen wir nicht den Planeten Erde, nicht die Natur mit ihrer Schönheit oder die Welt der verlorenen Menschheit. Wir reden hier eher über die heidnische Zivilisation, die der Mensch in Unabhängigkeit von Gott aufgebaut hat. Die Welt ist die menschliche Gesellschaft ohne Gott. Die Welt beinhaltet den gesamten Bereich der Dinge und Aktivitäten, mit denen sich der Mensch ohne Gott Glück zu verschaffen versucht. Hier herrschen falsche Prinzipien, falsche Werte und falsche Götter. Sie ist gekennzeichnet von niedrigstem Verlangen, Egoismus und Selbstsucht. Die Welt ist das System gegen Gott. Der Herr wird nicht nur verleugnet und vergessen; es herrscht eine tiefe Feindschaft gegen Ihn. Es ist mehr als Entfremdung, es ist Krieg.

DAS KÖNIGREICH UNSERES HERRN

Wenn wir vom Königreich des Sohnes Gottes reden, dann meinen wir die Gesellschaft der Menschen, die Jesus Christus als ihren Herrn und Heiland anerkennen. Für alle praktischen Zwecke ist es die christliche Gemeinschaft. (Obwohl zwischen dem Königreich und der Kirche ein gewisser Unterschied besteht, sprechen wir hier von ihnen als identisch.)

SATAN UND CHRISTUS

Satan ist der Herrscher der Welt und diktiert ihre Prioritäten und Politik. Er wird der Herrscher oder Fürst dieser Welt genannt (Joh. 12,31; 14,30; 16,11), der Gott dieses Zeitalters (2. Kor. 4,4) und der Böse (1. Joh. 5,19). Er ist ein Lügner und Betrüger (Joh. 8,44), dessen unverändertes Ziel es ist, zu stehlen, zu töten und zu zerstören (Joh. 10,10).

Der Herr Jesus Christus ist der Herrscher des anderen Königreichs. Sein Ziel ist es, Leben in Überfluß zu geben (Joh. 10,10). Obwohl es viele sogenannte Herrscher gibt, „so ist doch für uns ein ... Herr, Jesus Christus, durch welchen alle Dinge sind und wir durch ihn" (1. Kor. 8,6b).

WER GEHÖRT WOZU?

Alle unbekehrten Menschen gehören zum Königreich der Welt (1. Joh. 5,19). Alle gehören von der natürlichen Geburt an dazu. Sie sind Erdbewohner in dem Sinne, daß sie in der Welt zu Hause sind. Der Psalmist spricht von ihnen als „den Leuten dieses Zeitlaufs! Ihr Teil ist in diesem Leben" (Ps. 17,14). Sie lieben die Welt und werden von der Welt geliebt (Joh. 15,19).

Wird ein Mensch wiedergeboren, so wechselt er vom ersten Königreich ins zweite hinüber (Joh. 3,3.5) und bekundet seinen Wechsel durch die Taufe mit Wasser. Obwohl er immer noch in der Welt lebt, gehört er nicht mehr dem System der Welt an (Joh. 14,18; 17,11). Er ist vielmehr ein Fremder und Pilger (1. Petr. 2,11), der durch diese Welt hin zu seinem himmlischen Zuhause geht und nichts von dem Charakter dieser Welt annimmt. Er liebt diese Welt nicht, da er weiß, daß er ein Feind Gottes wäre, wenn er es doch täte (1. Joh. 2,15; Jak. 4,4). Er wählt daher lieber, von der Welt gehaßt zu werden (Joh. 15,18.19; 17,14; 1. Joh. 3,13). Im eigentlichen Sinne ist er ein Non-Konformist, der sich von der Welt um ihn herum nicht in deren Form zwängen läßt (Röm. 12,2). Er hält eine gegnerisch geprägte Verbindung zur Welt aufrecht, jedoch keine Koexistenz oder Entspannung. Er zeugt gegen sie, daß ihre Werke böse sind (Joh. 7,7), verkündigt ihnen aber auch das Evangelium – wie der Mensch von den Fesseln der Welt befreit werden kann und wahre Freiheit in Christus finden kann (2. Kor. 5,18-21).

Die Welt ist sehr attraktiv, schillernd und verführerisch. Für einige Christen verfügt sie über eine gewisse Anziehungskraft und sie fühlen sich benachteiligt, wenn sie davon völlig abgeschnitten sind. So versuchen sie, den Zaun zu überspringen. Sie wollen von beiden Welten das Beste. Dadurch wird die Unterscheidung zwischen der Welt und der Kirche verwaschen. Das erklärt den Ausspruch: „Ich suchte die Kirche und fand sie in der Welt; ich suchte die Welt und fand sie in der Kirche." Und Wordsworth sagte:

> „Die Welt ist zuviel für uns; früh und spät im Geben und Nehmen verschwenden wir unsere Kräfte."

Wenn ein Kind Gottes darauf besteht, sich mit der Welt zu verbrüdern, so läßt Gott dies oft zu, damit es die bittere Erfahrung machen kann, daß die Welt leer ist. Sie besteht nur aus einer Fassade. Ihre Vergnügungen sind oberflächlich und kurz. Sie gibt keine bleibende Zufriedenheit. Im Vorausschauen scheint sie etwas zu bieten, was sich in der Rückschau als bitter erweist.

> „Ich kam zu den geborstenen Zisternen, Herr,
> aber das Wasser versiegte,
> als ich mich beugte,
> um daraus zu trinken.
> Ich klagte, denn es hatte mich genarrt."
> B.E. Arr. 19. Jh.

WAS IST IN DER WELT?

Der Apostel Johannes teilt uns mit, daß alles in der Welt die Lust der Augen, die Lust des Fleisches und der Hochmut des Lebens ist (1. Joh. 2,16). Übersetzt heißt es: die Welt verherrlicht den Sex, Leidenschaften, Gewalt, Krieg, Wohlstand, sozialen Status und Macht. Die Menschen dieser Welt leben auf Zeit und nicht für die Ewigkeit; für vergängliche Dinge und nicht für Menschen; für sich selbst und nicht für Gott. Alle ihre Pläne enden im Grab.

Der Christ hat eine andere Wertauffassung. Er ist gekennzeichnet von Liebe, nicht von Lust; von Reinheit, nicht von Leidenschaft; von Eintracht, nicht von Konflikten. Er legt Wert auf Gerechtigkeit, Frieden und Freude im Heiligen Geist (Röm. 14,17). Er beschäftigt sich nicht mit der Lust der Augen, sondern mit dem Verlangen des Glaubens. Anstelle der Fleischeslust wird er von den Wünschen des Geistes in Anspruch genommen. Er sucht nicht den Hochmut des Lebens, sondern die Ehre Gottes.

WAS IST WELTLICH?

In der Vergangenheit neigte man dazu, die Weltlichkeit auf Tabus wie Rauchen, Trinken, Tanzen, Kartenspiel und Kino zu beschränken. Heute ist es anders herum. Diese Tabus werden belächelt, und uns wird versichert, daß diese Dinge nicht weltlich seien. Was wir vermeiden sollten, sind falsche Einstellungen, Motive und Gedankenschemata. Das veranlaßte Erwin Lutzer zu der Behauptung:

> „Viele Christen lehnen es ab, Sünden aufgelistet als solche anzugeben, nicht weil sie das christliche Verhalten dem radikalen Maßstab des Neuen Testamentes entsprechen anheben wollen, sondern weil sie ihren persönlichen Standard herabsetzen wollen. Vielleicht vermuten sie, einige Vergnügen zu verpassen, vielleicht sogar sinnliche. Also kritisieren sie die Tabus der Vergangenheit aus falschen Beweggründen. Ihre Überzeugungen schwinden unaufhaltsam auf dem Treibsand der moralischen Gleichgültigkeit."

WELCHE WELT?

Die Welt kann sich unterschiedlich darstellen. Es gibt z. B. die Welt der Politik; ihre eigentliche Natur ist korrupt. Des weiteren gibt es die Welt des Handels; sie ist mit unethischen Praktiken durchsetzt. Daneben existiert auch noch die religiöse Welt; ihre Hände sind mit dem Blut Jesu befleckt. Es gibt die Welt der Kunst, Musik und Kultur; der Name Christi ist daraus verbannt, denn Er ist dort störend. Und dann ist da noch die Welt der Unterhaltung mit ihrem Schmutz, sexuellen Andeutungen und Zweideutigkeiten. Hollywood und das Fernsehen sind Beispiele dieser schillernden Welt.

Was ist mit dem anderen Königreich? Wie steht der Gläubige zu den verschiedenen Aspekten dieser Welt? Was die politische Welt angeht, wird er sich nicht daran erinnern können, daß Christus oder die Apostel daran beteiligt gewesen wären. Sagte der Herr nicht: „Mein Reich ist nicht von dieser Welt“ (Joh. 18,36)? Und erinnerte Paulus uns nicht daran, daß unser Bürgertum in den Himmeln ist (Phil. 3,20)? Die Lösung der Probleme des Menschen liegen nicht in der Politik, sondern in dem Evangelium der versöhnenden Gnade.

Gottes Volk kann sich nicht vollständig von der Geschäftswelt isolieren. Paulus gibt daher den weisen Rat: „Benutze sie, aber mißbrauche sie nicht“ (s. 1. Kor. 7,21.23.24). Wir dürfen uns darin jedoch nicht verstricken als Soldaten im aktiven Kriegsdienst (2. Tim. 2,4).

Wenn wir von der religiösen Welt sprechen, meinen wir den Bereich, aus dem der Christus der Bibel, ausgeschlossen ist. Der immer noch gültige Befehl für die Christen ist, Ihm nachzufolgen außerhalb des Lagers organisierter Religion, Seine Schmach tragend (Hebr. 13,11-14).

Was die Kultur–, Kunst– und Musikwelt anbetrifft, ist die Frage wichtig, was die größte Bedeutung genießen sollte. Als Paulus nach Athen ging, damals ein Kulturzentrum, wurde er nicht von den verschiedenen Kunstformen angezogen, sondern durch den Götzendienst betrübt – und zwar derartig, daß er auf den Marshügel hinausging und die Gute Botschaft der Erlösung verkündigen mußte (Apg. 17).

Was ist mit der Unterhaltungswelt? Die Leute auf ihrem Weg zur Hölle zu unterhalten? Ist das alles, was das Leben zu bieten hat? Ist Hollywood harmlos? Fördert das Fernsehen die Reinheit? Wird man im Theater geistlich gefördert? Die ehrliche Antwort darauf lautet, daß niemand, der sich von diesem Schmutz und Abfall ernährt, jemals eine Rolle in der Glaubensgeschichte spielen wird.

Ein Nachfolger muß seinen Platz außerhalb jeder bestehenden ungöttlichen Ordnung einnehmen. Archimedes sagte, daß er die Erde bewegen könnte, fände er einen Drehpunkt außerhalb der Erde. Das gleiche gilt für den Christen. Er kann niemals etwas in der Welt bewegen, wenn er nicht von ihr getrennt steht.

ZWEI FORMEN DER WEISHEIT

Als nächstes kommen wir zu dem Gegensatz zwischen der Weisheit der Welt und Gottes Weisheit. Der Kontrast wird vielleicht am deutlichsten in einer Tabelle von Beispielen.

Die Weisheit der Welt	Die Weisheit Gottes
Wirklichkeit ist nur das, was du siehst, berührst und fühlst.	Nur geistliche Werte sind bedeutend, alles andere ist zeitlich (2. Kor. 4,18).
Weisheit ist nur beim Menschen und seinem Intellekt zu finden.	Die Furcht des Herrn ist der Weisheit Anfang (Ps. 111,10).
Größe soll Herr und Meister sein, und ihr muß gedient werden.	Größe hat den geringsten Platz einzunehmen und muß dienen (Luk. 22,26.27).
Die Wahrheit ist alles, was zu der jeweiligen Zeit kulturell akzeptabel scheint.	Die Wahrheit in allen Dingen ist Gottes Wort (Joh. 17,17). Es ändert sich nie.
Das Ziel sind hohe Zahlen, großer Umfang. Je größer, desto schöner.	Die Betonung liegt auf der Minderheit, dem Überrest, mehr auf Qualität (s. Gideons Armee, Ri. 7,1-7).
Rette dein Leben, indem du dir selbst lebst, dein Ich in's richtige Licht rückst und immer selbst an erster Stelle stehst.	Gib dein Leben auf um Gottes willen und um des Evangeliums willen (Mark. 8,35), achte andere höher als dich selbst (Phil. 2,3b) und lebe für andere.
Erfolg hat man, indem man zur Spitze vorstößt, Prominenz erlangt, Ruhm, Status und Prestige.	Jüngerschaft ist der unterste Weg der Selbsterniedrigung (Phil. 2,7).

Wohlstand wird durch das Anhäufen von Reichtümern erlangt.	Der Reichtum der Seele ist der wahre Wohlstand. Der Gläubige deponiert seine Reichtümer im Himmel (Mt. 6,20). Er ist reich, nicht im Hinblick auf materiellen Überfluß, sondern an geistlichen Reichtümern und darin, daß seine Bedürfnisse gering sind. Indem er alles verläßt, gewinnt er alles.
Sehen heißt glauben. Der Weltmensch richtet seinen Weg nach dem aus, was er sieht.	Glauben heißt sehen. Gottes Kind geht seinen Weg aus Glauben und nicht nach äußerer Wahrnehmung (2. Kor. 5,7).
Der Zweck heiligt die Mittel.	Tue nur das, was richtig ist, gehorche dem Wort Gottes und überlasse Ihm die Konsequenzen (Apg. 5,29).

Als Paulus die Weisheit der Welt und Gottes Weisheit verglich, schrieb er: „... denn weil ja in der Weisheit Gottes die Welt durch die Weisheit Gott nicht erkannte, so gefiel es Gott wohl, durch die Torheit der Predigt die Glaubenden zu erretten;... wir aber predigen Christum als gekreuzigt, den Juden ein Ärgernis und den Nationen eine Torheit; den Berufenen selbst aber, sowohl Juden als Griechen, Christus, Gottes Kraft und Gottes Weisheit; denn das Törichte Gottes ist weiser als die Menschen und das Schwache Gottes ist stärker als die Menschen“ (1. Kor. 1,21.23-25).

DIE METHODEN DER BEIDEN KÖNIGREICHE

Da schon die Weisheiten der beiden Königreiche so verschieden waren, müssen es unweigerlich auch die Methoden und Strategien sein. Hier sind einige Gegensätze.

Die Methoden der Welt	Die Methoden Christi
Hilf denen, die dir helfen.	Hilf denen, die es nicht zurückzahlen können (Luk. 14,12-14).
Revanchiere dich. Zahle alles mit gleicher Münze heim.	Vergelte Böses mit Gutem (Röm. 12,20; 1. Thess. 5,15).
Wende Gewalt an, falls nötig.	Halte ihm die andere Wange hin (Luk. 6,27-29).
Verteile der Raffsucht entsprechend.	Verteile der Notwendigkeit entsprechend (Mt. 20,1-16).
Überwinde Hindernisse durch Schiebung, Bestechung und Korruption.	Tue immer nur das, was richtig ist (1. Joh. 2,1), und laß dich nicht auf Kompromisse oder Ausweichmanöver ein.
„Renne um den besten Platz" lautet die Devise.	Mitarbeit und Hilfsbereitschaft ohne die Aufgabe von Prinzipien – das ist der richtige Weg (1. Kor. 12,25).
Tue so wenig wie möglich, versuche aber gleichzeitig das Maximum herauszuholen.	Arbeite für Christus (Kol. 3,22-24), und versuche, das gute Zeugnis aufrechtzuerhalten durch Fleiß und Vortrefflichkeit.
Urteile nach dem Äußeren.	Urteile gerecht (Joh. 7,24).

WELCHE ART VON WAFFEN?

Nicht nur Gewehre und Panzer gehören zu den Waffen der Welt, sondern auch Geld, Propaganda, die öffentliche Meinung, psychologische Manipulation der Menschen und unehrliche Praktiken. Die Waffen der Gläubigen sind das Wort Gottes, Gebet, Glaube und Liebe.

Diese sind „göttlich mächtig zur Zerstörung von Festungen“ (2. Kor. 10,4).

EHRE

Laßt uns nun über die Ehre der Welt nachdenken. Wie inspiriert und motiviert sie ihre Bürger? Sie benutzt Ordensbänder, Plaketten, Diplome, Medaillen, Trophäen, Uniformen und Titel. Napoleon hielt einmal ein Stück farbiges Band hoch und sagte: „Damit könnte ich ein Königreich aufbauen!“ Seltsam – wenn man daran denkt, daß man alle diese Bänder für ein paar Pfennige im nächsten Kaufhaus kaufen kann. Männer und Frauen sind bereit, 42,2 km für einen Lorbeerkranz zu laufen, einem ärmlichen, nichtssagenden Kranz. Das also sind die Ehrungen der Welt.

Paulus nennt sie vergängliche Kronen und fügt hinzu, daß die Christen nach einer unvergänglichen Krone streben (1. Kor. 9,25). Gottes Wort motiviert die Gläubigen, nach der Krone der Gerechtigkeit zu streben, der Krone des Lebens, der Krone der Freude und der Krone der Herrlichkeit. Diejenigen, die Christus vor den Menschen bekennen, werden von Ihm vor Gott dem Vater und allen heiligen Engeln bekannt werden (Mt. 10,32; Luk. 12,8). Und welche Ehre könnte jemals mit der des Heilands verglichen werden, wenn Er zu uns sagen wird: „Wohl, du guter und treuer Knecht“ (Mt. 25,21.23).

DER IDEALE BÜRGER

Der ideale Bürger der Welt ist ein wohlhabender, stolzer und selbstgefälliger Mensch, der sich selbst als großartig bezeichnet. Aber das gilt nicht für Christi Königreich. Hier ist der Idealbürger der Arme im Geist, der Trauernde, der Sanftmütige, der nach Gerechtigkeit Hungernde, der Barmherzige, der reinen Herzens ist, der Friedensstifter und der um der Gerechtigkeit willen Verfolgte (Mt. 5,3-12). Jesus kümmert Sich besonders um die Letzten, die Geringsten, die Niedrigsten, die Armen, die Unterdrückten und die Enterbten (1. Kor. 1,27-29; Jak. 2,5).

SCHLUSSFOLGERUNG

Christus starb, um uns aus der gegenwärtigen bösen Welt zu erlösen (Gal. 1,4). Wir sind der Welt gekreuzigt und die Welt ist uns gekreuzigt (Gal. 6,14). Das Kreuz ist unsere ganze Herrlichkeit.

Die Welt gab unserem Heiland nichts als ein Kreuz und ein Grab. Gott verbietet es, daß wir uns in einem solchen System zu Hause fühlen.

„Wir sind nur Fremde hier,
wir sehnen uns nicht
nach einem Zuhause auf dieser Erde,
die nur ein Grab für Dich hatte:
Dein Kreuz hat die Seile zertrennt, die uns hier banden,
Du selbst bist unser Schatz in helleren Welten."
J. G. Deck

Die Welt ist von Gott verdammt. Der Apostel Johannes schreibt: „Die Welt vergeht und ihre Lust." Donald Gray Barnhouse fügt weise hinzu: „Wir sollen nicht an der Welt interessiert sein, denn sie ist eine verdammte Zivilisation, verurteilt zur Zerstörung durch den Herrn, den sie gekreuzigt hat. Wir können unsere Lebensprinzipien, -ideale und -methoden nicht mit denen der Welt vermischen, ohne dabei verdorben oder verseucht zu werden."

„Und die Welt vergeht und ihre Lust; wer aber den Willen Gottes tut, bleibt in Ewigkeit" (1. Joh. 2,17).

DIE ANATOMIE DER SÜNDE UND DER REUE

Was ist Sünde? Es ist jede Handlung, jedes Wort, jeder Gedanke oder jedes Motiv, das nicht an die Vollkommenheit Gottes heranreicht (Röm. 3,23). Jede Verletzung des Willens Gottes ist Sünde. Es bedeutet nicht nur, etwas Falsches zu tun, sondern unfähig zu sein, das Gute zu tun, von dem wir wissen, daß wir es tun sollen (Jak. 4,17). Es ist auch jede Handlung, an der wir ehrlichen Zweifel haben (Röm. 14,23). Es ist Gesetzlosigkeit – der menschliche Wille, der sich mit Gottes Willen mißt (1. Joh. 3,12).

Die Sünde ist universell. „Denn unter den Menschen ist kein Gerechter auf Erden, der Gutes tue und nicht sündige" (Pred. 7,20).

Die Sünde ist angeboren. Jeder ist in Ungerechtigkeit geboren und in Sünde gezeugt worden (Ps. 51,7).

Die Sünde ist durchdringend. Der Mensch ist vollkommen verderbt. Jeder Teil seines Seins ist von der Sünde beeinflußt (Röm. 3,13-18). Wenn er auch nicht jede mögliche Sünde begangen hat, so ist er trotzdem dazu in der Lage.

Sünde beginnt in den Gedanken (Jak. 1,13-15). In seinem Gedankenleben kann jeder Mensch die Wege des Bösen zurückverfolgen, wohin kein Menschenauge ihm folgen kann. Je mehr er über eine Sünde nachdenkt und sie wie eine Süßigkeit im Mund zergehen läßt, desto eher ist er fähig, diese Sünde zu begehen.

Sünde ist eine sehr ernste Angelegenheit, da sie sich gegen Gott richtet (Ps. 51,6a). Der Ernst kann an den Leiden der Menschheit abgelesen werden; an dem Leiden des Herrn für uns; und an den Leiden des Unbekehrten in der Hölle.

Sünde versklavt (Röm. 6,15.16a). Sie bindet ihre Gefangenen mit den Ketten der Lust, der Habgier und mit allen möglichen üblen Gewohnheiten.

Die Sünde ist betrügerisch. Sie bietet Vergnügen an, aber sie sorgt nicht für bleibende Befriedigung. Sie bietet eine Fluchtmöglichkeit vor der Strafe, aber sie befreit nicht. Im Vorgefühl wirkt sie begehrenswert, im Nachhinein jedoch sehr häßlich.

Sünde macht blind. Wir finden bei anderen schneller Fehler als bei uns selbst. Bei uns erscheint es uns eine respektable Eigenschaft zu sein, bei anderen wirkt es abstoßend auf uns. Wir finden leicht Entschuldigungen für uns selbst, wenn wir nur jemand wissen, der schlimmer ist als wir. Das beruhigt unsere verderbten Herzen.

Sünde verhärtet. Wenn wir eine Sünde zum erstenmal begehen, schlägt unser Gewissen noch Alarm. Je länger wir jedoch darin verharren, desto mehr verstummt die Stimme des Gewissens. Auf lange Sicht sündigen wir dann leichthin und es schmerzt uns nicht mehr. Wir haben das Gefühl dafür verloren.

Sünde schiebt die Schuld ab. Als Adam in Sünde fiel, beschuldigte er Gott und seine Frau: „... die Frau, die du mir beigegeben hast" (1. Mo. 3,12). Eva beschuldigte den Teufel: „Die Schlange betrog mich, und ich aß" (1. Mo. 3,13). Ihre Nachkommen beschuldigen heute die Umwelt, die Eltern, ihre Mitmenschen. Hier sind z. B. einige Erklärungen für einen Autounfall:

> Der Fußgänger wußte nicht, wo er hinwollte, daher überfuhr ich ihn.
>
> Der Typ war überall auf der Straße. Ich mußte schon ein paarmal hin- und herschwenken, bevor ich ihn anfuhr.
>
> Ich rutschte ein wenig von der Seite weg, warf einen Blick auf meine Schwiegermutter und landete auf dem Fahrbahnrand.
>
> Die Telefonkabine kam schnell näher. Ich versuchte ihr auszuweichen, aber sie erwischte mich am Kühler.

Die Sünde bleibt niemals verborgen (Hebr. 4,13). Geheime Sünden auf der Erde sind offene Skandale im Himmel.

Sünde ist nicht statisch. Sie arbeitet wie Sauerteig. Eine Lüge wird mit anderen Lügen zugedeckt. Wenn ein Mensch unmoralisch handelt, so folgert er, daß er jetzt, da er schon so weit gegangen ist, auch den ganzen Weg gehen kann. Da die Menschen dazu neigen, ihre eigenen Sünden abzuschwächen, werden diese Sünden immer seltener verurteilt, je mehr Menschen sie begehen und je mehr sie akzeptiert werden. Und damit eskaliert die Sünde.

Durch die Sünden müssen Unschuldige leiden, sogar die kommenden Generationen. Die Kinder eines Alkoholikers teilen seine

Misere. AIDS wurde auf Unschuldige mittels Bluttransfusionen übertragen. Eine Drogenabhängige verursacht Schäden an ihrem ungeborenen Kind. Kein Mensch ist eine Insel. Alle seine Handlungen, ob gute oder schlechte, betreffen auch andere.

Sünde hat Konsequenzen für dieses und für das kommende Leben. In diesem Leben fordert sie ihren Tribut vom Geist des Menschen, seiner Seele, vom Verstand und vom Körper. Für das kommende Leben führt sie zu ewigem Tod und Hölle.

Außer durch den erlösenden Glauben an den Herrn Jesus Christus kann man den Konsequenzen der Sünde nicht entkommen.

Wir wollen uns jetzt einmal die Auswirkungen der Sünde nach den Erfahrungen Davids, des Königs Israels, betrachten.

David besaß alles – Wohlstand, Ruhm, Stellung, Prestige, Familie und Freunde. Er war aus dem Nichts auf den Thron gestiegen. Natürlich genoß er die Gunst Gottes, und seine Zukunft war voller Verheißungen. Die Welt lag ihm zu Füßen.

Aber er ließ es zu, daß er in eine Phase der Untätigkeit und Sorglosigkeit geriet. In der Zeit, in der die Könige normalerweise in den Krieg zogen, blieb David zu Hause und verwöhnte sich mit Komfort und Muße. Hätte er sich weiter beschäftigt, wäre er nicht der lauernden Gefahr ausgesetzt gewesen. Aber indem er seine Körperdisziplin vernachlässigte, bot er dem Teufel einen Angriffspunkt.

Versuchung! Als er sich auf seinem Palastdach sonnte, sah er sich in einem unachtsamen Augenblick um und sah eine Frau von außergewöhnlicher Schönheit. Sie badete gerade.

Seine Gedanken liefen ihm davon. Eine Phantasie folgte der anderen. Er begehrte sie. Warum sollte er sie nicht bekommen? Sollte er nicht glücklich sein? Das ist doch der Sinn des Lebens? Und doch leuchteten überall rote Warnleuchten auf. Sein Gewissen schrie: „Nein! Nein! Nein! Tue es nicht! Das ist Sünde! Es ist Ehebruch! Halt!“ Selbst einer seiner Diener, die er aussandte, um die Frau zu holen, protestierte, daß sie die Frau eines seiner loyalsten Generäle sei.

Der Zwiespalt fing an. Keine Frage nach Richtig und Falsch. Das Gesündeste, Vernünftigste wäre es gewesen, sich zurückzuziehen und der Stimme des Gewissens zu folgen. Aber da war dieses übermächtige Verlangen, diese verbotene Frucht zu essen. Auch wenn es bedeutete, sein Erstgeburtsrecht für das sprichwörtliche Linsengericht zu verkaufen, er mußte das haben, was er so sehr wollte. Nichts anderes schien so wichtig zu sein, wie dieser Moment der Leidenschaft. Er war bereit, sein Glück zu opfern, seine Familie, seinen Ruf und seine eigene Seele, nur um seine Lust mit einer momentanen Genugtuung zu verwöhnen.

DER IRRWITZIGE SPRUNG

Also wagte er den irrwitzigen Sprung. Die Leidenschaft stach die Stimme der Reinheit aus. Die Verlockungen der physischen Lust waren überzeugender als die starken Argumente der Vernunft. Selbst die Hoffnung auf den Himmel und die Furcht vor der Hölle schienen ausgelöscht zu sein.

Die Sünde sah im Vorhinein so schön aus; jetzt im Nachhinein grauenhaft. Er fühlte sich schmutzig. Er versuchte, vernünftige Gründe für sein Verhalten zu finden, und wurde von Schuldgefühlen verschlungen. Die verbotene Frucht hinterließ einen bitteren Nachgeschmack. Vielleicht konnte er es aber hervorragend vertuschen. Er würde einfach seinen loyalen Hauptmann in den heftigsten Kampf schicken, wo er mit Sicherheit getötet würde. Die Leute würden dann denken, daß das Ungeborene das Kind des Hauptmanns war, und David wäre damit in der Lage, die Witwe zu heiraten.

Der König dachte, niemand wüßte etwas. Aber Gott wußte es schon, und Gott war zornig. Er liebte David viel zu sehr, als daß er dies einfach hingenommen hätte. Ungefähr ein Jahr lang erinnerte der Herr David unablässig an seine Sünde, den Ehebruch und den Mord. David wehrte sich wie ein gefangener Stier. Er wurde von Schuld und Ungnade verzehrt, aber er war nicht bereit, damit zu brechen, die Sünde zu bereuen und zu bekennen. War es Stolz oder Dickköpfigkeit oder gar beides?

Schließlich schickte der Herr ihm seinen Propheten. Nathan erzählte ihm ein Gleichnis. Es handelte sich um einen reichen Mann, der einem Armen das einzige und letzte Lamm stahl. Zurecht entrüstet, beschloß David den Tod für den Schuldigen.

Das war eine Falle, und der König war hineingegangen. Er war der Schuldige. Er erkannte die Sünde bei jemand anderem, aber nicht bei sich selbst. Indem er den reichen Mann verurteilte, verurteilte er sich selbst. Er war sprach– und wehrlos.

WAHRE REUE

Zuletzt gab er doch auf. Die Quellen der großen Tiefe waren aufgebrochen. Er bekannte Gott seine Sünde und bereute sie aufrichtig. Sein Bekenntnis ist für uns in Psalm 51 aufbewahrt. Erlaubt mir, es in leicht veränderter Fassung wiederzugeben.

> Gnade, Herr! Sei mir gnädig! Ich verdiene es, bestraft zu werden. Aber Du bist ein Gott von unerschütterlicher Liebe, und auf dieser Basis bitte ich Dich, mich nicht derart zu bestrafen, wie ich es verdiene. Deine Gnade ist überfließend und daher wage ich es, Dich zu bitten, meine entsetzliche Verletzung Deines Heiligen Gesetzes auszuradieren.
> Reinige mich durch und durch von jedem Augenblick, nachdem ich Deinen geraden Weg verlassen habe, und reinige mich von den fürchterlichen Abwegen.
> O mein Gott! Ich bekenne öffentlich, daß ich Dein Gesetz gebrochen habe. Meine Sünde war öffentlich, und meine Reue ist es nun auch. Die Schuld meiner Sünde hat mich Tag und Nacht verfolgt, und ich kann es nicht länger ertragen. Ich sehe nun ganz deutlich, daß ich gegen Dich, und nur gegen Dich allein gesündigt habe. O, ich weiß, ich habe auch gegen Bathseba gesündigt und ihren treuen Ehemann, Urija – Gott vergib mir meinen Verrat an diesem tapferen Hauptmann. Aber mir ist klar, daß ich zuallererst gegen Dich gesündigt habe. Ich habe Dein Gesetz gebrochen. Ich habe Deinen Willen mißachtet und Unehre über Deinen Namen gebracht. Ich ergreife Partei mit Dir gegen mich selbst. Jedes Deiner Urteile, die Du fällst, sind gerecht, und niemand kann Fehler an Deinen Entscheidungen finden.
> O Herr! Ich bin so schlecht. Ich bin in Ungerechtigkeit geboren worden und, um noch weiter zurückzugehen, ich wurde sogar in Sünde gezeugt. Damit möchte ich meiner Mutter keine Schuld zuweisen, oder meine eigene Schuld mindern. Was ich damit sagen will, ist, daß ich nicht nur Sünden begangen habe, sondern von meiner eigentlichen Natur her sündig bin.

Aber Du haßt Sünde und Du liebst die Wahrheit im Inneren des Menschen. Deshalb komme ich nun zu Dir, auf daß Du mich tief im Herzen Weisheit lehrst.
Du gabst Anweisung, daß bei der Reinigung Aussätziger ein Ysop und lebendiges Wasser verwendet werden sollte (3. Mo. 14,1-8). Herr, ich nehme den Platz des moralisch Aussätzigen ein. „Reinige mich mit dem Ysop, und ich werde rein sein; wasche mich, und ich werde weißer sein als Schnee."
Als ich sündigte, verlor ich mein Lied. Es ist so lange her, daß ich wirklich erfuhr, was richtige Freude und Glück ist. Laß mich noch einmal die Musik der Freude hören. In meiner sündigen Verfassung schien es mir, als hättest Du mich verkrüppelt, indem Du mir alle Knochen gebrochen hättest. Ich konnte auf Deinen heiligen Festen nicht mehr vor Dir tanzen. Heile diese Brüche, damit ich mit Deinem Volk im Tanzen Dich preisen kann.
O mein Gott, ich flehe Dich an, wende Dein Gesicht von meinen Sünden im Gericht und der Strafe. Wische die letzte Spur meiner zahlreichen Ungerechtigkeiten aus. Wann immer ich an sie denke, verspüre ich einen Stich!
Blicke ich zurück, so muß ich feststellen, daß alles in meinem Verstand begann. Mein Gedankenleben war verunreinigt. Ich pflegte böse Gedanken, bis ich zuletzt die Sünden beging. Ich bitte Dich, einen klaren Verstand in mir zu bilden. Ich weiß, daß aus einer klaren Quelle auch ein klarer Strom hervorgeht. Ja, Herr, erneuere mein gesamtes Inneres, damit ich standhaft kommenden Versuchungen widerstehen kann.
Gib mich nicht auf, Herr, oder verbanne mich nicht aus Deiner Gegenwart. Ich kann den Gedanken, von Dir oder von Deinem Heiligen Geist getrennt zu sein, nicht ertragen. In diesem Zeitalter, in dem ich lebe, nimmst Du Deinen Heiligen Geist von all denen, die im Ungehorsam gegen Dich leben. So war es bei Saul (1. Sam. 16:14) – ich schaudere, wenn ich an die Konsequenzen denke. Bitte, Herr, verschone mich von diesem Schicksal.
Wie ich es vorhin schon sagte, habe ich mein Lied verloren. Nicht meine Seele, sondern mein Lied. Nicht Deine Erlösung, aber die Freude Deiner Erlösung. Jetzt, da ich in Reue und Buße zu Dir gekommen bin, bete ich, daß „die zerrissenen Saiten wieder schwingen mögen". Und ich bete nicht nur, daß Du mir die Freude

Deiner Erlösung zurückgibst, sondern auch, daß Du mich mit einem willigen Geist aufrecht hälst. Mit anderen Worten, ich möchte, daß Du mich willig machst, Dir zu gehorchen und Dir in allem, was ich tue, zu gefallen. Dann werde ich auf den Pfaden der Gerechtigkeit gehalten.

Ein Nebenprodukt meiner Vergebung wird ein offenes Zeugnis gegenüber anderen Übertretern sein, und ich werde ihnen den Weg der Vergebung und des Friedens zeigen. Wenn sie von dem hören, was Du an mir getan hast, so werden auch sie zu Dir zurückkehren.

Dann, Herr, wenn Du mich von meiner Blutschuld befreist, werde ich der ganzen Welt ein Zeugnis Deiner Erlösung geben. Die Schuld an Urijas Blut lastet schwer auf mir, o Gott meiner Rettung. Mache reinen Tisch, und ich werde Dich immerdar preisen.

Meine Lippen sind durch meine Sünde versiegelt worden. Öffne sie durch Deine Vergebung, und mein Mund sollte Dir geweiht sein, zum Verkünden und Singen Deines Preises. Herr, ich bin nicht von Ritualen oder Zeremonien zur Vergebung abhängig. Ich weiß, daß Du Rituale nicht brauchst. Wüßte ich, daß Du Tieropfer wolltest, ich würde sie Dir opfern. Aber es sind nicht Brandopfer, die Dein Herz erfreuen. Du hast zwar Opfer und Gaben eingesetzt, aber sie haben nie Deinem eigentlichen Ideal entsprochen. Und so komme ich zu Dir, mit einem zerbrochenen Herzen – ein Opfer, das Du erwartest. Du wirst dieses zerbrochene, reuige Herz, das ich Dir bringe, nicht zurückweisen.

Herr, ich will auch für Dein geliebtes Volk beten, wie auch für mich selbst. Laß es Dir gefallen, es mit Gutem zu überschütten. Baue die Mauern Jerusalems wieder auf. Meine Sünden haben das Voranschreiten Deines Werkes zweifellos behindert. Ich habe Schmach auf Deinen Namen gebracht. Möge Deine Sache voranschreiten, ohne gehindert zu werden.

Wenn wir alle in Gemeinschaft mit Dir leben, unsere Sünden bekennen und lassen, dann erfreuen wir Dich mit unseren Opfern der Gerechtigkeit. Opfer, die von einer vollkommenen Hingabe zu Dir reden, werden Dein Herz erfreuen. Wir werden Dir Stiere auf Deinem Altar opfern – und den Gott preisen, der Sünden und Ungerechtigkeiten vergibt.

GEBIET DER MORALISCHEN REINHEIT

Was ist das für ein Kampfplatz, auf dem Satan seine glorreichsten Siege errungen hat? Sowohl die Bibel als auch die Kirchengeschichte antworten dasselbe: „Das Gebiet der Sexualität." Sexuelle Unmoral war schon immer eine seiner besten Waffen. Simson, David und Salomo sind die bekanntesten Beispiele, die über ungezügelte Leidenschaften gestolpert sind. Seitdem haben viele Christen in der Selbstkontrolle gefehlt, sind verbotene Beziehungen eingegangen und haben Schiffbruch erlitten. Der Weg der Heiligkeit ist bestreut mit Leichen, die, was den Dienst Gottes anbelangt, gestrandet sind. Daher ist es sehr wichtig, daß wir dieses Thema aus der biblischen Perspektive betrachten.

Gott hat uns gewisse Triebe der Lust gegeben, von denen der sexuelle Trieb nur einer ist. Alle diese Triebe sind Gaben Gottes und daher gut, wie alle Seine Gaben.

Gottes Gaben können gebraucht, aber auch mißbraucht werden. Feuer und Wasser sind sehr nützlich, solange sie kontrolliert werden. Geraten sie außer Kontrolle, so wirken sie verwüstend.

Der einzige, vernünftige Geschlechtsverkehr findet innerhalb einer ehelichen Beziehung statt. Das ist eines der unabänderlichen Gesetze, die Gott in das menschliche Lebenssystem mit eingewoben hat. Es ist ein gut erdachtes Gesetz und bestimmt für das geistliche, physische und mentale Wohlergehen eines Menschen.

Gott hat die Ehe eingesetzt (1. Mo. 2,18). Er setzte sie schon ein, bevor die Sünde in die Welt kam, eine Tatsache, die die Behauptung, der eheliche Verkehr sei weniger heilig, Lügen straft. „Die Ehe sei geehrt in allem und das Bett unbefleckt" (Hebr. 13,4a).

Die Ehe entspricht normalerweise Gottes Willen für die menschliche Rasse. Die Ehe sollte monogam sein, d. h. mit einer Person (1. Mo. 2,24; Mt. 19,5.6; Eph. 5,22-33). Sie sollte für eine ganzes Leben gelten, d. h. so lange, wie beide Partner leben. Diese Prinzipien wurden für alle gegeben, nicht nur für Gläubige. Obwohl sie nicht ausschließlich eine christliche Institution ist, heiligte der Herr Jesus sie bei der Hochzeit zu Kana (Joh. 2,1-11). Paulus sah sie als Bild der Beziehung zwischen Christus und der Kirche (Eph. 5,22-33).

(Einige sind zwar zu einem Leben in Ehelosigkeit berufen, aber das ist eher eine Ausnahme als die Regel.)

DER EINZIG REINE GESCHLECHTSVERKEHR

Geschlechtsverkehr innerhalb einer Ehe führt zu Freude und Erfüllung; Geschlechtsverkehr außerhalb der Ehe ist eine Form der Selbstzerstörung. „Jede Sünde, die ein Mensch begehen mag, ist außerhalb des Leibes; wer aber hurt, sündigt wider seinen eigenen Leib" (1. Kor. 6,18b).

Manchmal wird behauptet, die Hochzeit oder die Eheschließung sei nicht nötig. Wenn zwei Menschen sich lieben, können sie zusammenleben, und Gott würde sie als Ehepaar anerkennen. Ehen werden im Himmel geschlossen, so wird argumentiert.

Aber das ist nicht das, was die Bibel sagt. Als Isaak Rebekka heiratete, gab es eine vorgeschriebene Zeremonie und eine Vereinbarung (1. Mo. 24,53-58). Als Rebekka gefragt wurde: „Willst du mit diesem Mann gehen?" antwortete sie: „Ich will mit ihm gehen." Die Zeremonie enthielt auch die Überreichung von Geschenken aus Silber– und Goldschmuck sowie Kleidern.

Gott beschreibt Seine Heirat mit Israel als einen eingegangenen Bund (Hes. 16,8b; s. auch Mal. 2,14b).

Auch bei der Hochzeit zu Kana in Galiläa existierte eine vorgeschriebene Zeremonie. Hochzeiten umfaßten Feste (Mt. 22,1-14; Luk. 14,8), die 7 bis 14 Tage dauern konnten. Die Gäste erhielten Hochzeitskleider (Mt. 22,12). In Lukas 12,36 lesen wir von einem Herrn, der von einer Hochzeit zurückkehrt.

Gottes Wille für den Menschen war schon immer die Monogamie (1. Mo. 2,24). Poligamie und andere eheliche Unordnungen werden zwar in der Bibel erwähnt, aber sie sind niemals für gut befunden worden. Gott will, daß Sein Volk sich von aller Art des Bösen fernhält (1. Thess. 5,22).

DIE SCHULD ABSCHIEBEN

Die Menschen versuchen noch immer, ihren Ungehorsam zu begründen. Sie drehen die Schrift so, daß sie ihre „freie Liebe", ihr Zusammenleben ohne Trauschein, rechtfertigen können. Chuck Swindoll zählte einmal die Argumente ihrer „Gefälligkeitstheologie", wie er sie nannte, auf:

1. Gott will, daß ich glücklich bin. Ich werde in einer Ehe mit ihr aber nicht glücklich. Also verlasse ich sie ... und ich weiß, Er wird mich verstehen.

2. Es gab eine Zeit, wo dies als unmoralisch angesehen wurde. Aber heute nicht mehr. Der Herr gab mir dieses Verlangen und will, daß ich Freude daran habe.

3. Sieh mal, niemand ist vollkommen. Ich bin tiefer hineingeraten, als ich gedacht hatte. Sicher, es ist schon ein wenig zweifelhaft, aber dafür gilt doch auch die Gnade, oder?

4. Ich? Ich Ihn um Vergebung bitten? Das ist doch lächerlich. Meine Beziehung zu Gott ist viel tiefer als diese oberflächlichen Sachen.

5. He, wenn du Spaß daran hast, dann tue es auch! Das Leben ist zu kurz, als daß man nur kleine Brötchen backen sollte. Wir sind nicht unter Gesetz, weißt Du.

6. Was soll's, ein kleines Techtelmechtel ... ein wenig Spaß und das Leben geht weiter. Was ist ein Leben ohne Würze und Risiko? All diese „du sollst nicht" sind unrealistisch.

7. Es ist schon in Ordnung, so lange es aus Liebe geschieht.

8. Wir sind aufgeklärt. Wir sind nicht mehr an die Tabus des Mittelalters gebunden.

9. Warum kann ich nicht mein Gewissen entscheiden lassen?

10. Jeder tut es. Warum sollte ich es dann nicht auch tun?

Trotz all dieser Begründungen ist die sexuelle Unmoral immer noch verboten (1. Thess. 4,3). Sie fordert immer noch ihren Tribut. Es gilt immer noch, daß wir ernten, was wir gesät haben (Gal. 6,7). Es stimmt immer noch, daß der Weg des Übertreters hart ist (Spr. 13,15b). Gott wird immer noch die Hurer und Ehebrecher richten (Hebr. 13,4b). Sexuell unmoralische Menschen werden immer noch aus dem Himmel ausgeschlossen sein (1. Kor. 6,9.10) und ihr Teil wird im Feuersee sein (Offb. 21,8).

Trotz all seiner Proteste kann sich der Mensch von einem gewissen Gefühl der Schuld und Unreinheit nicht befreien. Er kann sich auch nicht den physischen und psychologischen Schäden entziehen (Röm. 1,27; 1.Kor. 6,18). Geschlechtskrankheiten bedrohen ihn immer noch, trotz aller medizinischen Fortschritte.

Aber das muß nicht das Ende der Geschichte sein. Nur weil der Mensch versagt hat, heißt das noch lange nicht, daß Gott mit ihm fertig ist. Ist er noch nicht errettet, so kann er seine Sünden bekennen und Jesus Christus als seinem Herrn und Heiland vertrauen. Dann kann er erfahren, daß Gott diese und alle anderen Sünden hinter sich geworfen hat. Gott hat vergeben und vergessen. Der Fall ist abgeschlossen.

Handelt es sich um einen Erretteten, so kann er seine Sünde bekennen und mit ihr brechen und die völlige Gewißheit seiner Vergebung erlangen. Gott steht zu Seinem Versprechen. Und Er kann zurecht vergeben, da der Heiland den Preis für die Sünde bezahlt hat und sagt: „Belaste mein Konto damit."

SEXSKANDALE

Im allgemeinen versuchen die Christen Skandale einfach zu vertuschen. Das ist absolut unverständlich. Einige halten es für Geschwätz, über Menschen, die solche Sünden begangen haben, zu reden. Auch das ist völlig unverständlich. Aber es gibt noch eine zweite Seite. Wir erweisen der Kirche nicht unbedingt einen Dienst, wenn wir diese moralischen Versagen ständig vertuschen. Wären solche schrecklichen Ereignisse in größerem Maße bekannt (ohne daß

Namen genannt werden), dann könnten sie anderen zur Warnung dienen, die in ähnliche Versuchungen geraten. Die Bibel benutzt das Versagen anderer, um uns vor ähnlichen Erfahrungen zu bewahren.

Wenn wir Zeugen solchen Versagens auf dem Weg der Heiligkeit sind, können wir uns nur fragen, warum einige versagen und andere nicht. Jene, die unversehrt überleben, werden schnell erkennen, daß sie Gottes Gnade ihr Bestehen verdanken und nichts anderem. Sie sind sich ihrer eigenen Unfähigkeit, den Versuchungen durch eigene Kraft zu widerstehen, sehr stark bewußt.

Des weiteren muß zugegeben werden, daß einige Gläubige größeren Versuchungen unterliegen als andere. Christen, die in der ersten Reihe des geistlichen Kampfes stehen, sind besondere Objekte für Satans Attacken. Und diejenigen, die gutaussehend und begabt sind, und die warme, liebevolle und dynamische Perönlichkeiten sind, mögen Angriffe erfahren, die anderen wiederum völlig unbekannt sind.

Einige genießen nicht den großen Segen, daß andere Christen für sie beten.

Und doch begegnet jeder Christ Gefahren, auch wenn manche diesen häufiger ausgesetzt sind als andere. Laßt uns darum ständig dieser Gefahren bewußt sein.

Leben ohne Gebet – Gefährlich wird es immer dann, wenn wir die ständige Notwendigkeit von Gottes unterstützender Kraft vergessen. Ein gesundes Verständnis von unserer Neigung zu sündigen und der Notwendigkeit, jeden Augenblick ganz nahe beim Herrn zu bleiben, ist sehr wichtig.

Vernachlässigung des Wortes – Eine geschlossene Bibel kann uns nicht warnen, ermahnen oder ermuntern. Umgekehrt kann sie bei Versuchungen laut und passend zu uns reden.

Isolation von der Gemeinschaft in der Gemeinde – Ein einsames Schaf ist eine leichte Beute für den Wolf. Das glühende Stück Kohle, das aus dem Feuer genommen wird, kühlt sehr schnell ab.

Unkontrolliertes Gedankenleben – Die Sünde hat ihren Ursprung in den Gedanken (Jak. 1,14.15). Diejenigen, die weiterhin sexuelle Phantasien unterhalten, wandeln diese Gedanken meistens unvermeidlich auch in Taten um. Darum warnt uns Jesus vor dem „ehebrecherischen Blick“ (Mt. 5,28). Wenn ein Mensch niemals an Ehebruch denkt, wird er ihn auch niemals begehen.

Längere Enthaltsamkeit – In 1. Korinther 7,5 unterweist Paulus die Ehepaare, sich dem ehelichen Verkehr nicht zu entziehen, es sei denn auf gegenseitige Absprache hin und um zu fasten und zu beten. Durch eine längere Enthaltsamkeit setzt man sich verstärkt den Versuchungen Satans aus, da man die Selbstkontrolle verliert.

Einsamkeit – Einsamkeit läßt Menschen häufig unvernünftig und verzweifelt handeln. Die Beschäftigung im unermüdlichen Dienst für den Herrn ist ein gutes Gegenmittel dazu, ebenso der selbstaufopfernde Dienst für andere.

Unangebrachte Vertraulichkeiten – Jesus sagt uns: „Und wenn deine Hand dich ärgert, so haue sie ab“ (Mark. 9,43). Ein Redner gab zu Beginn eines Seminars den Ratschlag: „Rühre nicht die Frau an. Rühre nicht das Geld an. Rühre nicht den Ruhm an.“ Scheinbar harmlose Zärtlichkeiten, Streicheleien und Tätscheleien führen schnell zu intimeren Vertraulichkeiten. Ein sehr beliebter Radioprediger konnte seine Hände nicht von den Frauen lassen. Als Resultat dafür wurde er ins Exil geschickt, ins geistliche Sibirien.

Unfähigkeit, kompromittierende Situationen zu vermeiden – Allein im Büro mit der Sekrektärin nach der Arbeitszeit. Allein mit einem Berater bei wachsendem gegenseitigem Interesse. Allein mit der Frau eines anderen Mannes in einem Flugzeug, Hotel oder Auto. Situationen, die völlig unschuldig beginnen und doch in ein ausgewachsenes Großfeuer ausarten können.

Margaret Hess riet:

> „Setze Grenzen in den Beziehungen zum anderen Geschlecht. Ein Psychologe sagt, er vermeide es, für eine Frau das letzte Gespräch anzusetzen. Ein Pfarrer läßt die Beraterin auf der anderen Seite des Schreibtisches und läßt die Vorhänge offen. Ein Doktor ruft eine Schwester in den Raum, wenn er eine Patientin unter-

suchen muß. Ein Chef und seine Sekretärin können es vermeiden, zusammen zum Essen zu gehen oder allein an den Abenden zu arbeiten. Eine Hausfrau kann Versuchungen mit Nachbarn vermeiden, wenn ihr Ehemann verreist ist. Eine kluge Frau verbringt nicht drei Wochen im Ferienhaus und überläßt ihren Mann sich selbst. Genausowenig wird sie einen anderen Mann versorgen, wenn dessen Frau in den Sommerurlaub gefahren ist. Ein Ehemann braucht auch keine ungebührliche Fürsorge für eine Frau an den Tag legen, deren Ehemann geschäftlich unterwegs ist. Sie muß die Lücke fühlen, die ihr Mann hinterläßt und die nur er füllen kann."

Untätigkeit – Arbeitsscheu ist ein bösartiges Leiden. Fast genauso ernst ist die Unfähigkeit, einen Tag mit konstruktiver, erfüllender Arbeit auszufüllen. Wir benötigen alle diese Disziplin, die uns beschäftigt und uns vor Versuchungen schützt, aber nicht die Zeit für Gemeinschaft mit Gott raubt.

Stolz – Die Verherrlichung durch andere Christen kann einen Menschen oft zu betäubenden Höhen des Stolzes führen. Er fängt an, sich für etwas Besonderes zu halten, zu glauben, daß die Welt ihm zu Füßen liege und er nicht fallen kann. Er steht in großer Gefahr. „Hoffart geht dem Sturze, und Hochmut dem Falle voraus" (Spr. 16,18).

Öffentliche Anerkennung – Wer nach öffentlicher Anerkennung strebt, wird sich mit Sicherheit einige blaue Flecken einhandeln. Im allgemeinen ist öffentliche Anerkennung schlecht für das christliche Leben und den Dienst. C.A.Coates sagt:

„In dem Augenblick, in dem wir hervorstechen wollen, liegen wir falsch und stimmen nicht mehr mit dem derzeitigen Charakter des Dienstes überein. Der Herr mied die öffentliche Anerkennung; das ist sehr schwer, denn es geht so gegen unsere Natur. Normalerweise lieben wir die öffentliche Anerkennung, aber der Herr sagt bei fünf oder sechs Gelegenheiten den Geheilten (in Markus), daß sie anderen nichts davon erzählen sollten ... Publicity ist eine sehr schädliche Angelegenheit; es bedarf sehr viel Gnade, wenn der Herr öffentliche Anerkennung schenkt, wie er es manchmal tut."

Fernsehen – Die ständige Darbietung von Sex, Leidenschaft und Promiskuität schwächt den Ernst der Sünde in den Augen des Zuschauers. Außerdem setzt es die schwächere Natur in Brand. Vertrautheit und ständige Beschäftigung mit Obszönem führt zu unmoralischem Verhalten. Sexmagazine, Filme, Bücher und Videobänder tragen die gleiche Schuld wie das Fernsehen.

In eine Falle gehen – Christliche Arbeiter wissen, daß sie sich vor Fallen in acht nehmen müssen. Ein Missionar, der in einem Land arbeitete, das das Evangelium heftigst ablehnt, erhielt einen Telefonanruf von einer Frau, die vorgab, geistliche Hilfe zu benötigen. Sie sei im Hauptpostamt. Ob er bitte kommen und mit ihr sprechen könnte? Er versäumte es, seine Frau mitzunehmen. Als er die Frau auf dem Hauptpostamt antraf, stürmten sofort Polizisten herein und verhafteten ihn wegen Kontaktes mit einer Prostituierten. Die Regierung wies ihn aus. In diesem Fall lag nichts Unmoralisches vor, aber in vielen anderen Fällen war es so.

Es ist traurig, daß so ein Kapitel geschrieben werden muß. Es wäre viel angenehmer, wenn wir einfach über dieses Thema hinweggehen könnten, als gäbe es keinerlei Probleme damit. Aber die Tatsache bleibt bestehen, daß der Gläubige Sünden begehen kann, vor denen ihn das Neue Testament gewarnt hat. Die Unmoral gehört mit Sicherheit dazu. Wir erreichen überhaupt nichts mit der Einstellung, daß das Problem bei Nichtbeachtung schon irgendwann von selbst verschwindet. Es ist besser, das Problem direkt anzugehen und uns selbst vor unmoralischem Fehlverhalten zu schützen, indem wir tagtäglich in engster Gemeinschaft mit dem Heiland stehen.

SELBSTBEFRIEDIGUNG

Die Selbstbefriedigung, manchmal auch Selbstbefleckung genannt, ist eine selbstgesteuerte Methode der sexuellen Befriedigung neben dem Geschlechtsverkehr.

Seltsamerweise behandelt die Bibel dieses Thema nicht besonders. Die Geschichte Onans in 1. Mose 38,1-11 wurde häufig dazu benutzt, Gottes Mißfallen an dieser Praktik zu beweisen. Als Onans Bruder starb, verlangte das Gesetz, daß Onan die Witwe heiraten sollte, d. h. seine Schwägerin, und mit ihr Kinder zeugen sollte anstelle seines Bruders. Da diese Kinder nicht seine eigenen gewesen wären, verweigerte Onan den Gehorsam und ergoß seinen Samen auf den Boden. Der Herr tötete ihn für seinen Ungehorsam, und nicht weil er masturbiert hatte.

Obwohl die Schrift die Praktik der Selbstbefriedigung nicht direkt behandelt, gibt es doch ein paar Schriftstellen , die mit Sicherheit Anweisungen für den gewissenhaften Gläubigen enthalten. Hier sind einige davon:

> „So herrsche denn nicht die Sünde in eurem sterblichen Leibe, um seinen Lüsten zu gehorchen; stellet auch nicht eure Glieder der Sünde dar zu Werkzeugen der Ungerechtigkeit, sondern stellet euch selbst Gott dar als Lebende aus den Toten, und eure Glieder Gott zu Werkzeugen der Gerechtigkeit. Denn die Sünde wird nicht über euch herrschen, denn ihr seid nicht unter Gesetz, sondern unter Gnade“ (Röm. 6,12-14).
> Die Betonung liegt hier auf der Tatsache, daß wir unsere Glieder als Instrumente der Gerechtigkeit benutzen sollen und nicht, um dem Herrn Unehre zu bereiten.

> „Sondern ziehet den Herrn Jesus Christus an und treibet nicht Vorsorge für das Fleisch zur Erfüllung seiner Lüste“ (Röm. 13,14).
> Unser eigentlicher Zweck auf Erden ist es, den Herrn darzustellen und nicht, um für sexuelle Befriedigung zu leben.

„Oder wisset ihr nicht, daß euer Leib der Tempel des Heiligen Geistes ist, der in euch wohnt, den ihr von Gott habt, und daß ihr nicht euer selbst seid? Denn ihr seid um einen Preis erkauft worden; verherrlicht nun Gott in eurem Leib" (1. Kor. 6,19.20).
Die dritte Person der Dreieinheit wohnt bekanntlich in jedem Gläubigen. In dem Bewußtsein seiner ständigen Anwesenheit sollten wir uns nicht für solche unwürdigen Praktiken wie der Selbstbefriedigung hergeben.

„Die Frau hat nicht Macht über ihren eigenen Leib, sondern der Mann; gleicherweise aber hat auch der Mann nicht Macht über seinen eigenen Leib, sondern das Weib" (1. Kor. 7,4).
Der Gedanke hier ist, daß der normale Geschlechtsverkehr in die Ehe gehört. Gott schuf keinen Menschen, der sexuelle Autorität über seinen eigenen Körper hat, sondern Er gab diese Autorität dem jeweiligen Partner des Menschen. Bei der Selbstbefriedigung übt der Mensch jedoch Autorität über seinen eigenen Körper aus.

„Da wir nun diese Verheißungen haben, Geliebte, so laßt uns uns selbst reinigen von jeder Befleckung des Fleisches und des Geistes, indem wir die Heiligkeit vollenden in der Furcht Gottes" (2. Kor. 7,1).
Es ist nicht übertrieben zu sagen, die Selbstbefriedigung sei eine Beschmutzung des Körpers und der Gedanken, und wir sollten uns davon reinigen.

„... daß ein jeder von euch sein eigenes Gefäß in Heiligkeit und Ehrbarkeit zu besitzen wisse" (1. Thess. 4,4).
Das Wort „Gefäß" bezieht sich in diesem Zusammenhang auf den eigenen Körper eines Menschen. In diesem Fall bedeutet das, daß wir ihn nur für einen heiligen und ehrbaren Zweck einsetzen sollen.

„Die jugendlichen Lüste aber fliehe: strebe aber nach Gerechtigkeit, Glauben, Liebe, Frieden mit denen, die den Herrn anrufen aus reinem Herzen" (2.Tim. 2,22).
Selbstbefriedigung ist eine Lust, die zunächst mit Jugend in Verbindung gebracht wird, obwohl sie nicht nur von jungen

Menschen praktiziert wird. Die Bibel befiehlt uns, davor zu fliehen und bessere Ziele zu verfolgen.

„Geliebte, ich ermahne euch als Fremdlinge und als die ihr ohne Bürgerrecht seid, daß ihr euch enthaltet von den fleischlichen Lüsten, welche wider die Seele streiten" (1. Petr. 2,11). Selbstbefriedigung ist sicherlich eine fleischliche Lust und streitet insofern gegen die Seele, als daß sie einen Menschen geistlich zurückhält.

REINES DENKEN

Da die Selbstbefriedigung häufig mit unreinen und lustvollen Phantasien verbunden ist, sollte sie in Übereinstimmung mit Matthäus 5,27.28 vermieden werden:

„Ihr habt gehört, daß gesagt ist: Du sollst nicht ehebrechen. Ich aber sage euch, daß jeder, der eine Frau ansieht, ihrer zu begehren, schon Ehebruch mit ihr begangen hat in seinem Herzen." Wir sollten uns selbst soweit disziplinieren, daß wir rein denken: „... alles was rein, ... dieses erwäget" (Phil. 4;8).

Wie wir bereits gesehen haben, lehrt die Bibel im allgemeinen, daß der einzig anständige sexuelle Gebrauch in der Ehe stattfindet. Da die Selbstbefriedigung diese Anforderung nicht erfüllt, ist sie also ein Mißbrauch der gottgegebenen Fähigkeiten.

Jemand sagte einmal, daß der größte Schaden des Selbstmißbrauchs in „der Beleidigung der Selbstachtung, der Selbstdisziplin, der Fähigkeit, wichtige Entscheidungen zu treffen und allgemein der Fitness liegt". Die Praktik hinterläßt meist ein ungeheures Schuldgefühl und eine Unreinheit, die die jeweilige Person für den Dienst des Herrn lähmt.

Nachdem wir dieses gesagt haben, müssen wir aber im Sinne der Ausgewogenheit zugeben, daß der Ernst der Selbstbefriedigung in der Vergangenheit sehr übertrieben worden ist. Sogar Kirchenführer gaben ernste Warnungen in bezug auf die fürchterlichen Schäden, die sie hervorrufen würde. Sie behaupteten, daß Selbstbefriedigung sexuelle Impotenz, Geisteskrankheiten und Nervenzusammenbrüche verursachen würde. Diese Behauptungen werden von kompetenten

Medizinern allerdings nicht unterstützt.

Gott hat zwei normale Wege zur Befriedigung des mächtigen sexuellen Verlangens gegeben. Zum einen durch den unfreiwilligen nächtlichen Samenerguß, auch als „nasser Traum" bekannt. Zum anderen durch die Ehe. Paulus erinnert uns, daß es besser ist zu heiraten, als Brunst zu leiden (1. Kor. 7,9). Wir sollten uns aber niemals mit der Annahme zufrieden geben, daß diese Gewohnheit nicht zu besiegen sei. Auch wenn wir nicht die nötige Kraft dazu haben, so können wir die befreiende Kraft doch von Gottes Heiligem Geist erlangen.

Wann immer wir auch versagen, so sollten wir doch daran denken, daß es Vergebung und Reinigung gibt durch Bekennen und Bruch mit der Praktik (1. Joh. 1,9; Spr. 28,13). Manchmal ist es auch sehr hilfreich, einen Vertrauten zu haben, dem man jedes Versagen gestehen kann und mit dem man um Befreiung beten kann.

Und schließlich gilt auch noch: Je mehr wir Schriftstellen auswendig lernen und über das reine Wort Gottes nachdenken, desto mehr siegreiche Erfahrungen können wir auch auf dem Gebiet sammeln (Ps. 119,9.11).

HOMOSEXUALITÄT

Viele Menschen behaupten, daß die Homosexualität ein akzeptabler, alternativer Lebensstil sei. Die sogenannten Schwulen sind aus ihrem Versteck hervorgekommen und kämpfen für gleiche Rechte.

Gläubige sollten sich jedoch nicht von dem, was die Leute sagen, leiten lassen, noch von dem, was derzeit in unserer Kultur praktiziert wird. Auch von Sätzen wie: „Jeder tut es" sollten sie sich nicht beeinflussen lassen. Sie sollten sich eher die entscheidende Frage stellen: „Was sagt die Bibel dazu?" Laßt uns also nun die Heilige Schrift dazu betrachten.

Die prinzipiellen Stellen, die die Homosexualität behandeln, sind folgende:

1. Mose 1 und 2 – Gott schuf den Menschen Mann und Frau und setzt die Ehe als Seinen Willen für Sein Volk ein. Die Homosexualität ist damit also eine Perversion von Gottes Willen über die Sexualität. Es ist ein Verbrechen gegen die Natur.

2. Mose 19,1-26 – Die Männer Sodoms waren bekannt für ihre Homosexualität. Das Wort „Sodomie", gleichbedeutend mit Homosexualität, stammt offensichtlich von dieser Stadt. Als die Männer Sodoms versuchten, Lots männliche Gäste zu vergewaltigen, befahl Gott Seinen Leuten, die Stadt zu verlassen, die Er dann durch Feuer und Schwefel zerstörte.

3. Mose 18,22; 20,13 – Unter dem Gesetz Moses galt die Homosexualität als Abscheulichkeit, die mit dem Tod bestraft wurde. (Übrigens straft diese Tatsache die Lehre Lügen, die behauptet, Sodomie sei eine Krankheit. Gott verurteilt keinen Menschen zum Tode, weil er krank ist.)

Römer 1,18-32 – Die Menschen damals hatten bereits Verständnis über den wahren Gott, verweigerten sich jedoch diesem Verständnis.

Sie wurden zu Götzendienern, die geschnitzte Bilder aus Holz und Stein anbeteten. Als sie ihr Verständnis von Gott verwarfen, verließ auch Er sie, und sie begannen, alle möglichen Formen der Unmoral zu praktizieren, Homosexualität eingeschlossen. Paulus sagt recht offen, daß diejenigen, die dieses praktizieren, des Todes würdig sind.

1. Kor. 6,9 – Dieser Vers sagt ganz deutlich, daß weder ein Homosexueller noch ein männlicher Prostituierter das Königreich Gottes erben wird.

1. Tim. 1,10 – Sodomie wird gleichzeitig mit Mord, Hurerei, Menschenraub, und Lüge genannt – als Übertretungen gegen das Gesetz Gottes. Und natürlich steht auf dem Brechen des Gesetzes Gottes die Todesstrafe.

Die Bibel lehrt uns also ganz klar, daß die Homosexualität eine sündige Perversion von Gottes Willen für Seine Geschöpfe ist. Keine noch so große Menge an Begründungen kann ein klares Wort Gottes entkräften. Und noch einmal muß gesagt werden, daß Christen sich in acht nehmen müssen, daß sie die moralischen Urteile der Welt nicht akzeptieren, sondern sich nur von Gottes Wort leiten lassen.

Kann ein Homosexueller errettet werden? Die Antwort ist natürlich ja, wenn er seine Sünde bekennt und Jesus Christus als seinen Herrn und Heiland annimmt (Joh. 1,12; Röm. 10,13).

Kann ein Christ in diese Sünde fallen? Es ist anzunehmen, daß ein Christ in einem Moment der Schwäche übermannt werden kann. Sollte dem so sein, so kann er durch Bekennen und Brechen mit der Sünde Vergebung erlangen (1. Joh. 1,9). Lebt er jedoch weiter in Homosexualität, so ist dies ein Beweis, daß er niemals von neuem geboren worden ist. Jesus sagt: „Deshalb, an ihren Früchten werdet ihr sie erkennen“ (Mt. 7,20).

EINSTELLUNG UND PRAXIS

Gibt es einen Unterschied zwischen homosexuellen Neigungen und tatsächlicher Praxis von Sodomie? Ja, es ist sogar ein sehr wichtiger Unterschied. Viele Menschen haben homosexuelle Neigungen, haben sie aber nie ausgelebt. Sie quält die Tatsache, daß sie von ihrem eigenen Geschlecht angezogen werden; sie üben jedoch Selbstdisziplin, um der Versuchung zu widerstehen und ein reines Leben zu leben.

Stimmt die Behauptung: einmal homosexuell, immer homosexuell? Zielt diese Behauptung auf praktizierende Homosexuelle ab, so trifft sie auf keinen Fall zu. Viele Schwule haben sich zu Christus bekehrt und ihren alten Lebensstil verlassen. Der Heilige Geist befähigte sie zu diesem Schritt. Einige der Korinther waren homosexuell, bevor sie Christen wurden, und sie waren davon wirklich befreit (1. Kor. 6,9-11). Was die homosexuelle Neigung betrifft, so kann ein Gläubiger für den Rest seines Lebens dagegen zu kämpfen haben. Wandelt er jedoch seinen sexuellen Trieb in unermüdlichen Dienst für seinen König, den Herrn Jesus, um, so kann er auch darüber den Sieg erringen.

Wie kann Gott einen Schwulen tadeln, wenn er so veranlagt ist? Gott hat niemanden mit dieser Veranlagung geschaffen. Als Gott Adam schuf, war dieser unschuldig und unbefleckt. Aber dann sündigte Adam, und jeder seiner Nachkommen, ausgenommen der Herr Jesus, war verkehrt, ungerecht und sündig. Die Schuld liegt eindeutig bei dem Menschen selbst. Gott für etwas die Schuld zuzuschieben, was Er verboten hat, ist ein schmutziger Trick, eine zwielichtige Schuldzuweisung und ein Ablenkungsmanöver von den eigenen sündigen Handlungen.

Ist die Homosexualität eine angeborene Neigung oder ein angeeignetes Verhalten? Es kann eigentlich beides zutreffen. Es sollte keine Überraschung sein, daß ein Mensch mit dieser Störung geboren werden kann. Der Mensch ist von seiner Natur her fürchterlich verderbt und zu jeder möglichen Sünde fähig. Die einen haben auf diesem Gebiet Schwächen, andere auf jenem. Keiner wird verdammt, wenn er mit einer homosexuellen Neigung geboren wird. Setzt er diese Neigung jedoch in die Tat um, so wird er für diese Sünde verdammt. Homosexualität kann jedoch auch ein angeeignetes Verhalten sein. Ein Erwachsener kann z. B. einen Jungen in diese Lebensform locken. Jeder, der so etwas tut, fällt unter Jesu Urteil, wenn Er sagt: „Es wäre ihm nützlicher, wenn ein Mühlstein um seinen Hals gelegt und er ins Meer geworfen würde, als daß er einen dieser Kleinen ärgere!" (Luk. 17,2).

DER WEG DES ÜBERTRETERS

Schwule zahlen einen hohen Preis für ihren Lebensstil. Paulus sagt, daß sie „den gebührenden Lohn ihrer Verirrung an sich selbst empfingen" (Röm. 1,27b). Der Lohn schließt Geschlechtskrankheiten ein, sowie Pneumocystis (eine Art Lungenentzündung), das Kaposi-Sarkom (eine Form von Krebs) und AIDS (Angeeignete Immunschwäche).

Das schließt auch nagende Schuld, mentale und emotionale Störungen und krankhafte Persönlichkeitsveränderungen ein.

Nachdem Oskar Wilde, ein englischer Schriftsteller des 19. Jahrhunderts, als Homosexueller entlarvt worden war, schrieb er:

> „Die Götter haben mir fast alles geschenkt. Aber ich selbst habe mich zu langen Perioden sinnloser und sinnlicher Genüsse verleiten lassen ... Müde, an der Spitze zu stehen, ging ich freiwillig in die Tiefe, um nach neuen Sinnesreizen zu suchen. Die Paradoxie in meiner Gedankenwelt wurde die Perversion in meiner Leidenschaft. Ich nutzte sorglos andere Leben aus. Ich vergnügte mich, wann es mir paßte und machte damit auch weiter. Ich vergaß, daß jede kleinste Handlung des Alltags einen Charakter schafft oder verdirbt und daß daher alles, was irgend jemand jemals im Verborgenen getan hat, ein anderer eines Tages laut von den Dächern ruft. Ich war nicht mehr Herr über mich selbst. Ich war nicht länger Beherrscher meiner Seele, und ich wußte es nicht einmal. Ich ließ das Vergnügen über mich herrschen. Ich endete in fürchterlicher Schande."

Der Weg, von der Homosexualität befreit zu werden, ist derselbe, wie für alle anderen Formen der Lust auch und wurde bereits im Kapitel über Lust behandelt. Trotzdem ist weitergehende Beratung in jedem Falle wichtig.

Wie sollen wir zu Homosexuellen stehen? Als Christen sollten wir sie als Menschen akzeptieren, ohne jedoch ihren Lebensstil gutzuheißen. Da auch sie Seelen sind, für die Jesus gestorben ist, sollten wir auf jedem möglichen Weg versuchen, sie für ein Leben in Heiligkeit zu gewinnen. Wir sollten mit ihnen im Geiste der Sanftmut umgehen und uns selbst in acht nehmen, damit wir nicht einer Form der Versuchung nachgeben und in Sünde fallen. Wenn sie standhaft und unbeweglich das Wort Gottes ablehnen und beleidigend und gotteslästerlich werden, sind wir nicht dazu verpflichtet, ihnen das Evangelium aufzuzwingen.

GEWISSEN

Das Gewissen ist der innere Monitor, der zwischen Recht und Unrecht unterscheidet auf dem Gebiet der Gedanken, Absichten und Handlungen (Röm. 2,15). Es veranlaßt einen Jungen, seine Augen durch den Raum schweifen zu lassen, wenn seine Hand in der Plätzchendose verschwindet. Es veranlaßt einen Raser zu bremsen, wenn er im Rückspiegel nur ein Auto mit Skiträger sieht. Es veranlaßt den Gauner zu fliehen, obwohl ihn überhaupt keiner verfolgt. Wie Shakespeare sagte, es macht uns alle zu Feiglingen.

Zur Zeit der Einkommensteuererklärung ist es besonders aktiv, oder im Gerichtssaal oder zur Prüfungszeit im Klassenraum. Kein Wunder, denn die Bibel nennt es die Leuchte Gottes, die das Innere des Menschen durchleuchtet (Spr. 20,27).

Jeder Mensch wird mit einem Gewissen geboren. Intuitiv weiß er, daß es falsch ist zu lügen, zu stehlen, zu morden. Da er weiß, daß es falsch von anderen ist, ihn ungerecht zu behandeln, weiß er auch, daß es für ihn genauso falsch ist, andere so zu behandeln.

KEIN UNFEHLBARER FÜHRER

Aber auch das Gewissen ist nicht unfehlbar. Wie alle anderen Glieder ist auch das Gewissen durch den Sündenfall beschädigt. Es kann durch Prinzipien, die uns beigebracht werden, beeinflußt werden. Somit paßt die alte Regel: „Laß dich von deinem Gewissen leiten“ nicht mehr.

Das Gewissen muß von dem Wort Gottes erzogen werden, durch eine Erleuchtung von dem Heiligen Geist. „Das Gewissen muß aufgeweckt und unterrichtet werden, mit Gottes Offenbarungen in Einklang gebracht und befolgt werden“ (Barnhouse).

Bei aufrichtiger Reue ist auch das Gewissen beteiligt. Als John Newton seine Erfahrungen noch einmal durchlebte, schrieb er:

> „Mein Gewissen erkennt und fühlt die Schuld und stürzt mich in Verzweiflung.“

Saulus von Tarsus wurde von seinem Gewissen angestachelt und bemerkte auf einmal, daß er selbst gegen diesen Stachel kämpfte (Apg. 9,5). Als Robert Murray McCheyne durch die freie Gnade mit Licht aus der Höhe erweckt wurde, ängstigten ihn gerechtfertigte Ängste; er fürchtete zu sterben.

Ein gereinigtes Gewissen (Hebr. 9,14) ist ein Gewissen, das durch das Blut Christi gereinigt worden ist. Obwohl es immer noch unser Verhalten überwacht, brauchen wir keine Angst mehr vor dem ewigen Gericht zu haben, da Christus dieses Gericht als Stellvertreter des Gläubigen bereits getragen hat.

> Das Gewissen verdammt mich nun nicht mehr,
> denn Sein eigenes, allerwertvollstes Blut
> hat mich von allem gewaschen
> und gereinigt in den Augen Gottes.

Ein schwaches Gewissen ist gekennzeichnet durch übermäßige Skrupel in Angelegenheiten, die eigentlich in sich nicht falsch sind (1. Kor. 8,7.8), wie z. B. Essen und Trinken.

Ein Gewissen kann jedoch auch unempfindlich werden, wenn der Eigentümer nicht fähig ist, auf das Gewissen zu hören. Wenn ich in mein Auto steige, setzt ein Ton ein, der mich daran erinnern soll, mich anzuschnallen. Ich hatte mich derartig daran gewöhnt, daß ich es schon gar nicht mehr hörte (d. h., bis das Anschnallen per Gesetz zur Pflicht wurde).

Je mehr man sein Gewissen verletzt, desto schwächer wird seine Stimme. Es ist mit einem Gummiband zu vergleichen, das mehr und mehr an Elastizität verliert. Irgendwann ist es dann völlig vertrocknet oder wie mit einem Brenneisen gehärtet (1. Tim. 4,2). Der Mensch kann sündigen und nichts mehr dabei empfinden (Eph. 4,19). Er kann eine überaus schlimme Sünde begehen, sich dann den Mund abwischen und sagen: „Ich habe kein Unrecht begangen“ (Spr. 30,20).

Es wird gesagt, daß unsere größte Sicherheit gegen die Sünde in einem Schock durch die Sünde liegt.

Ein verderbtes Gewissen ist durch böse Taten befleckt (Tit. 1,15). Wenn das Leben eines Menschen böse ist, kann sein Gewissen nicht anders sein (Hebr. 10,22).

Wir sollten immer ein gutes Gewissen haben (1. Petr. 3,16), eines, daß weder Gott noch den Menschen Anstoß gibt (Apg. 24,16). Ein gutes Gewissen ist in Einklang mit Gottes Wort.

WIE DER MENSCH DENKT

Die Kontrolle des Gedankenlebens ist eine der wichtigsten Disziplinen, mit denen ein Christ zu tun hat. Die Art, wie er seinen Verstand gebraucht, bestimmt auch die Richtung seines Lebens und seine Charakterneigungen. Positiv ausgerichtetes gottgemäßes Denken führt zu positiven Ergebnissen. Unreines Denken führt unvermeidlich zu unordentlichem Verhalten.

Darum sagt die Bibel: „Denn wie er es abmißt in seiner Seele, so ist er" (Spr. 23,7). Oder wie Alfred P. Gibbs zu sagen pflegte, mit dem ihm eigenen Pfeffer: „Du bist nicht das, was du denkst, das du bist. Aber was du denkst – das bist du!" Die Gedanken eines Menschen sind ein Index seines Charakters.

Der weiseste Mann sagte: „Behüte dein Herz mehr als alles was zu bewahren ist; denn von ihm aus sind die Ausgänge des Lebens" (Spr. 4,23). Obwohl das Herz hier im weiteren Sinne gebraucht wird als der Verstand, gibt dieser Vers trotzdem guten Sinn, wenn „Herz" durch „Verstand" ersetzt wird: „Behüte deinen Verstand mit aller Wachsamkeit, da aus ihm die Lebensströme entspringen." Die Gedanken sind die Quelle, aus der die meisten Verhaltensweisen fließen. Wenn man den Ursprung kontrolliert, kontrolliert man auch den Strom, der aus ihm fließt.

DAS ZEHNTE GEBOT

Es ist schon von gewisser Bedeutung, daß eines der Zehn Gebote vom Gedankenleben handelt.

> „Du sollst nicht begehren deines Nächsten Haus; du sollst nicht begehren deines Nächsten Frau, noch seinen Knecht, noch seine Magd, noch sein Rind, noch seinen Esel, noch alles was dein Nächster hat" (2. Mo. 20,17).

Begehren ist eine Aktivität der Gedanken. Es ist das Verlangen, etwas zu besitzen, was nicht dem Willen Gottes entspricht. Gott sagt: „Begehre nicht." Dieses Gebot überzeugte auch das Herz von Saulus von Tarsus. Er hatte sich immer selbst gerühmt, ein äußerst respektables Leben zu führen. Er hatte niemals größere Sünden begangen. Aber als ihm die Bedeutung des zehnten Gebotes bewußt wurde, wurde ihm klar, daß böse Gedanken genauso Sünde sind wie böse Taten. Als er über sein Gedankenleben nachdachte, wurde er sich seiner Sünden zutiefst bewußt.

> „... Aber die Sünde hätte ich nicht erkannt, als nur durch Gesetz. Denn auch von der Lust hätte ich nichts gewußt, wenn nicht das Gesetz gesagt hätte: 'Laß dich nicht gelüsten.' Die Sünde aber, durch das Gebot Anlaß nehmend, bewirkte jede Lust in mir; denn ohne Gesetz ist die Sünde tot. Ich aber lebte einst ohne Gesetz; als aber das Gebot kam, lebte die Sünde auf; ich aber starb. Und das Gebot, das zum Leben gegeben, dasselbe erwies sich mir zum Tod. Denn die Sünde, durch das Gebot Anlaß nehmend, täuschte mich und tötete mich durch dasselbe" (Röm. 7,7-11).

WIE ES WIRKT

Jakobus gibt eine treffende Einsicht in die Psychologie der Sünde, als er sagt:

> „Niemand sage, wenn er versucht wird: Ich werde von Gott versucht; denn Gott kann nicht versucht werden vom Bösen, und selbst versucht er niemand. Ein jeder aber wird versucht, wenn er von seiner eigenen Lust fortgezogen und gelockt wird. Danach, wenn die Lust empfangen hat, gebiert sie die Sünde; die Sünde aber, wenn sie vollendet ist, gebiert den Tod" (Jak. 1,13-15).

Die Sünde wird hier mit dem menschlichen Lebenszyklus verglichen. Zunächst ist da die Empfängnis. Dann wird das Baby geboren. Es wächst zur vollen Reife heran. Danach folgt der Tod. Genauso ist es bei der Sünde. Zuerst wird sie in den menschlichen Gedanken empfangen. Dann wird die Handlung vollzogen. Die Handlung wird zur

Gewohnheit. Schließlich führt sie zum Tod. Dies impliziert, wenn es auch nicht bestätigt ist, daß wir früher oder später eine Sünde begehen, wenn wir lange genug über sie nachdenken. Oder wie früher gesagt wurde:

Säe einen Gedanken, und du erntest eine Handlung
Säe eine Handlung, und du erntest eine Gewohnheit
Säe eine Gewohnheit, und du erntest einen Charakter
Säe einen Charakter, und du erntest ein Schicksal.

Während der Zeit, als Er öffentlich lehrte, legte auch der Herr Jesus eine gewaltige Bedeutung auf die Wichtigkeit des Gedankenlebens. Eines Tages rief Er eine Gruppe von Juden zu sich, um ihnen diesen Punkt zu verdeutlichen. Diese Leute waren peinlichst korrekt mit Äußerlichkeiten, aber ziemlich zaghaft in inneren Angelegenheiten. Unter dem Gesetz Moses wurden sie gelehrt, daß sie durch den Verzehr von Schweinefleisch, Hasen, Krabbenfleisch usw. befleckt würden. Tatsächlich machten diese Nahrungsmittel einen Mann zeremoniell unrein unter der Haushaltung des Gesetzes.

Jesus verkündete nun aber das Ende dieses Haushaltung, indem Er erklärte, daß Nahrungsmittel nicht länger beflecken, dies aber immer noch für böse Gedanken gilt.

„Und als er die Volksmenge wieder herzugerufen hatte, sprach er zu ihnen: Höret mich alle und verstehet! Da ist nichts, was von außerhalb des Menschen in denselben eingeht, das ihn verunreinigen kann, sondern was von ihm ausgeht, das ist es, was den Menschen verunreinigt. Wenn jemand Ohren hat zu hören, der höre! Und als er von der Volksmenge weg in ein Haus eintrat, befragten ihn seine Jünger über das Gleichnis. Und er spricht zu ihnen: Seid auch ihr so unverständig? Begreift ihr nicht, daß alles, was von außerhalb in den Menschen eingeht, ihn nicht verunreinigen kann? Denn es geht nicht in sein Herz hinein, sondern in den Bauch, und es geht heraus in den Abort, indem so alle Speisen gereinigt werden. Er sagte aber: Was aus dem Menschen ausgeht, das verunreinigt den Menschen. Denn von innen aus dem Herzen der Menschen gehen hervor die schlechten Gedanken, Ehebruch, Hurerei, Mord, Dieberei, Habsucht, Bosheit, List, Aus-

> schweifung, böses Auge, Lästerung, Hochmut, Torheit; alle diese bösen Dinge gehen von innen heraus und verunreinigen den Menschen" (Mark. 7,14-23).

Oft hört man, wie Menschen ihre sündigen Gedanken mit frommen Erklärungen entschuldigen. So z. B.: „Du kannst es nicht verhindern, daß Vögel auf deinem Kopf landen. Aber du kannst verhindern, daß sie dort ein Nest bauen." Das soll heißen, daß lustvolle Versuchungen, die uns unaufgefordert in den Sinn kommen, nicht sündig sind; erst die Sünde in uns heißt sie willkommen und spricht auf sie an. Aber dann taucht die Frage auf: „Wenn sie nicht sündig sind, sind sie dann rein und heilig?" Die klare Antwort darauf ist natürlich die folgende: Jeder böse und lustvolle Gedanke, ob gewollt oder nicht gewollt, ist verderbt und muß gerichtet und durch das Blut Christi gereinigt werden. Es ist unmöglich, in dieser Welt zu leben ohne ständig von anzüglichen Werbungen, schlüpfrigen Konversationen und anderen ungewollten Verschmutzungen der Gedanken verderbt zu werden. Das einzige Mittel dagegen ist das unverzügliche Erkennen des Gedankens als unrein und die direkte Verbannung.

DENKE NOCH NICHT EINMAL DARAN

Jesus betonte den Ernst der bösen Gedanken auch in der Bergpredigt. Er sagte:

> „Ihr habt gehört, daß zu den Alten gesagt ist: Du sollst nicht töten; wer aber irgend töten wird, wird dem Gericht verfallen sein. Ich aber sage euch, daß jeder, der seinem Bruder ohne Grund zürnt, dem Gericht verfallen sein wird; wer aber irgend zu seinem Bruder sagt: Raka! dem Synedrium verfallen sein wird; wer aber irgend sagt: Du Narr! der Hölle des Feuers verfallen sein wird. Ihr habt gehört, daß gesagt ist: Du sollst nicht ehebrechen. Ich aber sage euch, daß jeder, der eine Frau ansieht, ihrer zu begehren, schon Ehebruch mit ihr begangen hat in seinem Herzen" (Mt. 5,21. 22. 27.28).

Das Gesetz sagte: „Du sollst nicht töten!" aber Jesus sagt: „Denke erst gar nicht ans Töten." Warum? Weil du es nie tun wirst, wenn du nicht daran denkst. Das Gesetz sagt: „Du sollst nicht ehebrechen!" aber Jesus sagt: „Sieh keine Frau an ihrer zu begehren." Warum sagt Er das? Weil die Handlung dann vorsätzlich ist. Verbannst du jedoch den Gedanken direkt, wirst du niemals eine tatsächliche Handlung zu bereuen haben.

Der Apostel Johannes verfolgt die gleichen Prinzipien in seinem ersten Brief:

> „Jeder, der seinen Bruder haßt, ist ein Menschenmörder, und ihr wisset, daß kein Menschenmörder ewiges Leben in sich bleibend hat" (1. Joh. 3,15).

Wenn es uns etwas übertrieben scheint zu sagen, daß Haß schon Mord ist, sollten wir daran denken, daß diese beiden miteinander verbunden sind als Wunsch und Erfüllung, als Ursache und Wirkung. Haß ist Mord im embryonalen Stadium. Wo es keine Boshaftigkeit und keinen leidenschaftlichen Zorn gibt, gibt es auch keinen Mord.

Der menschliche Verstand ist unbeschreiblich rätselhaft und unglaublich wunderbar. Er ist wie ein militärisches Hauptquartier, von dem alle Befehle ausgehen. Der Verstand befiehlt der Hand, den Stift in die Hand zu nehmen und zu schreiben. Er beschließt auch, was geschrieben werden soll. Er ist ein weitläufiges Kommunikationssystem, das ständig Gedankenströme aussendet. Und doch, wie funktioniert das alles? Was ist ein Gedanke?

Man sagt, daß ein Computer, der die Funktionen des menschlichen Gehirns nachvollziehen soll, so groß wie das Empire State Building sein müßte – und selbst dann könnte er noch nicht mit dem Verstand mithalten.

Die meisten von uns halten unseren Verstand für selbstverständlich. Aber die Bibel lehrt ganz deutlich, daß Gott uns diese Fähigkeit zu denken anvertraut hat, und Er uns für sie auch verantwortlich macht.

Jeder von uns ist wie ein König, der über ein großes, kompliziertes Königreich regiert – das Königreich der Gedanken. Und jeder von uns ist verantwortlich, wie und was er denkt. Wir können diese Fähigkeit für gute oder schlechte, wertvolle oder wertlose Ziele gebrauchen. Wir können unsere Gedanken kontrollieren.

DIE GUTE SEITE DES VERSTANDES

Ich denke hier an das Potential für das Gute. Ich denke z. B. an Händel, der sich hinsetzte und das Oratorium „Der Messias“ komponierte. Die Musik ist so mit den Worten verwachsen, daß ich die Schriftstellen nicht mehr lesen kann, ohne die musikalische Begleitung in meinen Gedanken dabei zu hören. Das ganze Werk ist von einem großartigen geistlichen Empfinden geprägt, daß ich mich oft frage, ob wir dieses Oratorium auch im Himmel hören werden.

Oder ich denke an Isaac Watts großartigen Choral „When I survey the Wondrous Cross“ (Wenn ich das wunderbare Kreuz betrachte). Er weihte seinen Verstand ganz dem Herrn, und dieses Lied war nur einer seiner Beiträge für die christliche Welt. Aber ich sage mir immer wieder: „Ein ganzes Leben wäre wert gelebt zu werden, wenn es nur ein solches Lied hervorbringen würde.“

Ich denke an Miltons disziplinierten Verstand, an die Stunden um Stunden dauernde sorgfältige Arbeit und das vollendete Meisterwerk „Paradise Lost“ (Verlorenes Paradies). Wie sehr ist die Literatur durch seinen Geist bereichert worden!

Ich denke auch an Michelangelo, an seine Gemälde und Statuen. Die Palette und Schönheit seiner Kunstwerke spottet jeder Beschreibung. Er hatte ein Verständnis des Universums, und welch ein Glück für uns, daß sich seine Gedanken in Malerei und Marmor kristallisiert haben.

Des weiteren denke ich an Charles Haddon Spurgeon, den Fürsten der Prediger. Ich denke an das, was A. T. Pierson von ihm sagte: „Aus allem Verstand, den er hatte und aus allen Gelegenheiten, die Gott ihm gab, machte er das Beste.“ Und das kann ich auch glauben, wenn ich seine Predigten lese oder die Biographie seines fruchtbaren Lebens studiere.

Oder um eine Illustration aus der heutigen Zeit zu geben, denke ich an alle, die ihren Verstand der Planung und Durchführung der verschiedenen Mondflüge gewidmet haben. Was für ein Weitblick, was für Fähigkeiten, was für eine Präzision!

DAS POTENTIAL FÜR DAS BÖSE

Aber dann denken wir auch an die Fähigkeiten des Verstandes, Böses zu tun. Wir denken an die grausamen Tyrannen mit ihren Folterkammern, ihren Konzentrationslagern, ihren Gaskammern und -öfen. Wir denken an die Brutalität, die Millionen von unschuldigen Opfern forderte.

Wir denken an Männer, die ihr Talent dazu einsetzten, andere vom Glauben abzubringen – Männer, wie Voltaire, Tom Paine und Ingersoll. Gott gab ihnen einen hellen Verstand und sie verkauften ihren Verstand für die Propaganda des Agnostizismus und der Untreue.

Wir denken an Menschen, die Pornographie zu Papier bringen, veröffentlichen und drucken. Was ist das für eine Art, seinen Verstand zu benutzen! Hausierer in Sachen Schmutz, Verschmutzer der moralischen Umwelt, Verkünder der Unreinheit und Perversion!

Und dann denken wir an das riesige Potential jeden Verstandes, Böses zu denken. Niemand von uns würde gern eine Stunde lang in der Öffentlichkeit herumlaufen mit einem Schild, auf dem der schlimmste Gedanke, den wir in der letzten Woche hatten, zu lesen ist. Wir alle wissen, wie weit uns der Verstand auf den dunklen Wegen der Sünde führen kann, dorthin, wo kein menschliches Auge uns folgen kann. Er kann alle möglichen angenehmen Situationen heraufbeschwören, die mit verbotenen Beziehungen zu tun haben. Wäre ein Freund von uns bei diesen Dingen ertappt worden, würden wir ihn mit gerechtfertigter Entrüstung verurteilen. Aber wenn wir allein sind, vielleicht im Dunkeln, dann können wir auch geistig dasselbe unanständige und unmoralische Verhalten durchleben und doch nicht dieselbe Abscheu empfinden. Ungehindert von den natürlichen Hindernissen der Zeit oder des Raumes, können unsere Gedanken uns jederzeit überall hinführen, uns mit jeder Person oder Personen unserer eigenen Wahl zusammensein lassen, um alles das tun, was sich unser Herz wünscht. Es ist erschreckend, an all die bösen Möglichkeiten zu denken, die im Gedankenleben eines Gläubigen auftreten können. Wird diesen Möglichkeiten gewöhnlich nachgegeben, so kann das Resultat nur katastrophal sein.

Viele Menschen stöhnen auch heute unter der Last einer immer wieder aufkommenden Sünde. Sie sagen, sie wollten davon befreit werden, sind aber nicht bereit, ihr Gedankenleben zu disziplinieren.

Vor kurzem setzte sich ein Christ im Flugzeug neben einen jungen Soldaten. Nachdem sie sich begrüßt hatten, gab der Soldat dem Christen eine Zeitschrift. Als er sah, daß es sich um Schmutz handelte, gab er dem Soldaten die Zeitschrift höflich zurück und bot ihm eine kleine rote Bibel an. Ein Zeitlang herrschte Schweigen. Dann fragte der Soldat: „Wollen Sie mir helfen?“ Er erzählte eine schlimme Geschichte von Sünde und Schuld und bat um Hilfe. Er wollte erlöst werden von der sexuellen Sünde, aber hatte bisher immer noch pornographische Zeitschriften gelesen.

RADIKAL HANDELN

Der Kern der Sache ist folgendes: Die Axt muß an der Wurzel des Baumes angesetzt werden. Es muß eine Bereitschaft vorhanden sein, entschieden mit dem Gedankenleben umzugehen.

Für den, der noch nicht errettet ist, bedeutet es zunächst einmal Bekehrung. Er muß durch den Glauben an der Herrn Jesus von neuem geboren werden. Nur dann wird er die Kraft des innewohnenden Heiligen Geistes erhalten, um resolut gegen die unreinen Gedanken vorzugehen.

Für den Christen sind einige Schritte vorgegeben:

Zuerst müssen wir dem Herrn die ganze Angelegenheit im Gebet bringen. Die Worte Davids sind für jeden für uns passend: „Schaffe mir, Gott, ein reines Herz, und erneuere in meinem Innern einen festen Geist“ (Ps. 51,12). Diese Worte sind Teil von Davids Bekenntnis nach seiner Doppelsünde, dem Ehebruch und dem Mord. Für mich scheint es ein Geständnis zu beinhalten, daß seine Sünden im unkontrollierten Gedankenleben anfingen.

Zum zweiten muß jeder Gedanke beurteilt werden, als wären wir in der Gegenwart Gottes. Der entscheidende Test für unsere Gedanken sowie unsere Handlungen ist die Frage, wie sie in Seiner Gegenwart erscheinen. Das wird auch in 2. Korinther 10,5 ausgedrückt:

> „Indem wir Vernunftschlüsse zerstören und jede Höhe, die sich erhebt wider die Erkenntnis Gottes, und jeden Gedanken gefangennehmen unter den Gehorsam des Christus.“

Wir sollten jeden Gedanken als gefangenen Sklaven betrachten, der Christi Urteil unterliegt.

Als nächstes sollten wir jeden Gedanken, der von Ihm nicht gutgeheißen wird, als Sünde und Befleckung bekennen. Ob wir die Straße hinuntergehen, Autofahren oder wo immer wir sind, jeden abgeirrten, bösen Gedanken sollten wir dem Herrn sofort bekennen: „Herr, das ist Sünde. Meine Gedanken sind beschmutzt. Vergib mir und reinige mich. Hilf mir durch die Kraft des Blutes des Lammes."

Und natürlich müssen wir den Gedanken aus unseren Gedanken verbannen. Die Verheißung der Gnade gilt nicht für die, die ihre Sünden lediglich bekennen, sondern für die, die sie bekennen und von ihnen ablassen.

> „Wer seine Übertretungen verbirgt, wird kein Gelingen haben; wer sie aber bekennt und läßt, wird Barmherzigkeit erlangen" (Spr. 28,13).

Praktisch gesehen heißt es, daß wir lernen müssen, tausendmal „Nein" zu sagen innerhalb einer Woche. Sobald wir versucht sind, unrein zu denken, müssen wir sagen: „Nein, ich will diesen Gedanken nicht weiterführen. Ich verwerfe ihn und verbanne ihn im Namen des Herrn Jesus."

GOTTGEMÄßES DENKEN

Wir müssen gottgemäßes Denken lernen. Paulus sagt es uns in Philipper 4,8:

> „Übrigens, Brüder, alles was wahr, alles was würdig, alles was gerecht, alles was rein, alles was lieblich ist, alles was wohllautet, wenn es irgendeine Tugend und wenn es irgendein Lob gibt, dieses erwägt."

Wichtig ist, daß man nicht über diese Dinge nachdenken kann und gleichzeitig über Sünde. Füllen Christus und Seine Reinheit die Gedanken, dann müssen Sünde und Schmutz weichen. Einige bezeichnen es als „die reinigende Kraft einer neuen Zuneigung". Nenne es wie du willst, aber verwirkliche es unter allen Umständen. Je mehr wir uns mit Christus beschäftigen, desto ähnlicher werden wir Ihm (2. Kor. 3,18).

Unser Verstand sagt uns, daß, wenn wir für unser Gedankenleben einen Sieg wollen, wir diszipliniert darauf achten müssen, was wir lesen, was wir sehen und mit wem wir Umgang haben. Pikante Bücher und Zeitschriften, Hollywood-Filme und die durchschnittliche Fernsehshow bieten direkte Verschmutzung. Und es gibt auch materielle Dinge, die die Lust im Leben der Menschen weckt. Ein gutes Signalfeuer wird beträchtlich helfen.

Außerdem sollten wir ständig für den Herrn beschäftigt sein. Die Zeiten größter Gefahr sind die Augenblicke der Muße, wenn der Körper gut genährt ist und sich ausruhen will. In dem Leben eines unermüdlichen Dienstes für den Herrn liegt eine unwahrscheinliche Sicherheit und ein unglaublicher Schutz. Ein Mann, der gelernt hat, mit der Zeit umzugehen, hat weniger Probleme mit zufälligen Gedanken, die Zutritt suchen. Möglicherweise ist es genau das, was in Sprüche 16,3 ausgedrückt wird:

> „Befiehl dem Herrn deine Werke, und deine Gedanken werden zustandekommen."

Das ist also der Weg, um die Gedanken mit allem Eifer zu bewahren.

DIE STILLE VOR GOTT

Ich habe nie einen wahren Christen kennengelernt, der nicht gewisse Zeit damit verbringt, über die Schrift nachzudenken. Es gibt eine direkte Beziehung zwischen der Zeit, die man mit der Betrachtung verbringt, und der Gottesfürchtigkeit einer Person.

Wenn wir von der Stille vor Gott sprechen, so meinen wir die gezielte Ausrichtung unserer Gedanken auf auferbauende und Gott verherrlichende Themen. Stille vor Gott ist eine geistige Disziplin, bei der die Gedanken allein auf den Herrn konzentriert werden, auf Gottes Wort und die Angelegenheiten des Herrn. Anstatt unseren Gedanken zu erlauben, ziellos durch die Ebenen des Bedeutungslosen zu streifen, sollten wir sie trainieren, sich mit gewinnbringenden Dingen zu beschäftigen. Anstatt sich mit müßigen Dingen zu befassen, sollten wir unsere geistigen Schalthebel eher so einstellen, daß wir in Gnade und Erkenntnis wachsen. Die Stille vor Gott ist der „Gedanken-Tank" des Christen.

Stell dir eine Kuh vor, die wiederkäut. Sie hat das Futter bereits gefressen, stößt es aber aus dem ersten Magen wieder auf und zermahlt es noch einmal. Betrachte den zufriedenen Gesichtsausdruck der Kuh. So sollte sich auch der Gläubige vom Wort Gottes ernähren und dann Zeit damit verbringen, das Gelesene „wiederzukäuen". Das bringt Gelassenheit und Sicherheit in allem, was das Leben mit sich bringt.

DIE FALSCHE FORM

Die schriftgemäße Stille vor Gott darf natürlich nicht mit der Transzendentalen Meditation verwechselt werden oder anderen gebräuchlichen Methoden östlicher Religionen. Kultische Meditation geht von der Annahme aus, Gott sei im Menschen, und durch Meditation könne eine Person dann ihr göttliches Potential erfahren. Andere Formen der Meditation befehlen dem Menschen, seine Gedanken zu reinigen und auf Eingebungen zu warten. Indem man Menschen anweist, ihre Gedanken zu entleeren und auf Botschaften zu warten, setzt man sie der Gefahr dämonischer Inbesitznahme aus. Jesus erzählt die Begebenheit eines Mannes, der von Dämonen besessen war, aber eine Art Besserung erfahren hatte. Der unreine Geist wurde ausgetrieben, aber die Behausung blieb leer. So kehrte der unreine Geist mit sieben anderen Dämonen zurück, die schlimmer waren, als er selbst, und das Leben des Mannes in Beschlag nahmen (Mt. 12,43-45). Das Stillewerden vor Gott aber füllt die Gedanken mit dem Wort Gottes und mit allem, was wahr, würdig, gerecht, rein, lieblich, wohllautend und eine Tugend oder lobenswert ist (Phil. 4,8).

Stille vor Gott sorgt für geistliches Gedeihen und Erfolg. „Dieses Buch des Gesetzes soll nicht von deinem Munde weichen, und du sollst darüber sinnen Tag und Nacht, auf daß du darauf achtest, zu tun nach allem was darin geschrieben ist; denn alsdann wirst du auf deinem Weg Erfolg haben und alsdann wird es dir gelingen“ (Jos. 1,8). Merke dir, daß eines der Ziele der Stille vor Gott ist, verändertes Verhalten hervorzubringen: „daß du das Wort bewahren wirst und gemäß allem, was in ihm geschrieben ist, handeln wirst.“

Die Stille vor Gott vertieft die Verwurzelung eines Menschen in Gott. Es macht ihn fruchtbringend. „Und er ist wie ein Baum, gepflanzt an Wasserbächen, der seine Frucht bringt zu seiner Zeit und dessen Blatt nicht verwelkt; und alles was er tut, gelingt“ (Ps. 1,3).

Die Stille vor Gott versetzt den Menschen in die Lage, von Gott Anweisungen zu erhalten. Gott eröffnet Seine Geheimnisse all denen, die nah genug sind, um zuzuhören (Ps. 25,14a). Es können Weisungen hinsichtlich Führung, Ermutigung oder Korrektur sein, aber niemals lehrmäßige Wahrheiten. Er macht keine Wahrheit kund über das hinaus, was bereits in der Bibel zu finden ist. Der Glaube ist den Heiligen ein für allemal überliefert worden (Judas 3b).

Die Stille vor Gott hindert einen Menschen daran, seine Zeit für bedeutungslose Dinge zu vergeuden.

Die Stille vor Gott ist ein Weg, dem Herrn zu gefallen. Daher betete der Psalmist: „Möge mein Nachsinnen ihm gefallen.“ Und auch wir sollten so beten: „Laß die Reden meines Mundes und das Sinnen meines Herzens wohlgefällig vor dir sein, o Herr, mein Fels und Erlöser!“ (Ps. 19,14). Und es ruft eine gewisse Ähnlichkeit mit Christus hervor. Je mehr wir uns mit Ihm beschäftigen, desto ähnlicher werden wir Ihm werden (2. Kor. 3,18).

WIE WIRD MAN STILL VOR GOTT?

Was die Art und Weise des Stillewerdens anbelangt, so gibt es wohl keinen Weg, der für alle gleich gut ist. Jeder Christ muß den Weg finden, der ihm zusagt und zu seinen Umständen paßt. Zum einen können wir uns eine bestimmte Zeitspanne reservieren, die wir an einem ruhigen Platz verbringen, abseits von Telefon, Fernsehen, Radio, Verkehr oder anderen Ablenkungen. Isaak fand einen ruhigen Platz zum Nachsinnen auf dem Feld in der Nacht (1. Mo. 24,63). Oder aber wir können freie Minuten am Tag oder in der Nacht ausnutzen. David nutzte Zeiten der Schlaflosigkeit, um sich an den Herrn zu erinnern und über Ihn nachzudenken (Ps. 63,6).

Es ist immer gut, einen Stift zur Hand zu haben, um alle uneingeladenen Erinnerungen zu notieren über Arbeiten, die noch getan werden müssen, Telefonanrufe oder alle anderen möglichen Gedanken, die sich uns plötzlich aufdrängen wollen. Sobald wir sie aufschreiben, sollten sie aus unseren Gedanken verschwinden, damit wir stille werden können.

Die Themen, über die man nachsinnen kann, werden nie ausgehen. Die wertvollen Verheißungen Gottes beschäftigten die Gedanken des Psalmisten in den Nachtwachen (Ps. 119,148). Der gesegnete Mann aus Psalm 1 erfreut sich am Gesetz (Wort) des Herrn und sinnt über diesem Gesetz Tag und Nacht (Ps. 1,2; 119, 78). Die Puritaner verbrachten viel Zeit damit, die Eigenschaften Gottes zu betrachten, und dies erklärt die große Dimension ihrer Seelen. Die wunderbaren Werke der Schöpfung und der Vorsehung geben unerschöpflichen Vorrat an Gedanken (Ps. 143,5). Auch die Wunder der Erlösung liefern unendlich Material für die Stille.

Paulus schrieb Timotheus, über Dinge nachzudenken, die unmittelbar mit einem kraftvollen christlichen Dienst verbunden sind (1. Tim. 4,15).

Für den Anfang ist es ganz hilfreich, sich zunächst auf eine kurze Schriftstelle zu konzentrieren, wobei jedes Wort und jeder Satz mit ein wenig heiliger Vorstellungskraft besonders betrachtet werden sollte. Hier ein Beispiel: „den Sohn Gottes, der mich geliebt und sich selbst für mich hingegeben hat“ (Gal. 2,20b).

„der Sohn Gottes“ – Denke darüber nach! Nicht nur ein Mensch, sondern Gott geoffenbart im Fleisch. Der Herr des Lebens und der Herrlichkeit. Der Schöpfer und Erhalter des Universums.

„geliebt“ – Suche einige Adjektive, die Seine Liebe beschreiben. Sie ist unermeßlich, unverdient, opferbereit, unvergleichlich, gerecht. Sieh nach, was in 1. Korinther 13,4-8a alles darüber gesagt wird.

„mich“ – Denke einmal über die Wege nach, wie die Bibel uns in unserer eigentlichen Natur beschreibt. Sünder, Gottlose, Feinde Gottes, ohne Gott, ohne Christus, ohne Hoffnung, kraftlos.

„sich selbst hingegeben hat“ – Liebe gibt immer, aber bedenke, was Seine Liebe gab – Sich Selbst. Er gab kein Geld oder irgendwelche anderen materiellen Dinge. Er gab Sich Selbst. Das heißt Sein Blut, Sein Leben, Sein Alles. Er bezahlte den höchsten Preis, um unsere Erlösung zu sichern.

„für mich“ – Erstaunlich! Nur Er würde soviel für so einen Unwerten wie mich gegeben haben. Wie soll ich nun so eine Liebe beantworten? Ich übernehme Isaac Watts Worte als meine eigenen:

> „Selbst, wenn das ganze Reich der Natur mir gehörte, wäre es als Opfer viel zu gering. Diese Liebe, so wunderbar, so göttlich, verlangt meine Seele, mein Leben, mein Alles.“

Sollte einem jungen Gläubigen diese Methode zu schwer erscheinen aufgrund seiner geringen Bibelkenntnisse, so kann er auch einige Schrifterzählungen nehmen, versuchen, sie sich vorzustellen und daraus etwas zu lernen. Er könnte zum Beispiel den Ruf des Matthäus (Levi) in Lukas 5,27.28 lesen. Stelle dir vor, wie er die Steuern und

Zölle einnimmt. Er trifft dabei auf viele Leute. Dann kommt Jesus vorbei. Welchen Unterschied entdeckt Matthäus an Ihm? Alles was Jesus sagt, ist: „Folge mir." Was muß da Matthäus durch den Kopf gegangen sein? Was gab er alles auf, indem er Jesus nachfolgte? Was gewann er dabei?

Diese Methode der Vorstellung hat nichts mit der zu tun, die mit dem Denken in Möglichkeiten verbunden ist. Die Gurus der letzteren Methode lehren, daß die Visualisierung der Dinge, die wir wirklich wollen, dazu führt, daß wir sie schließlich auch erhalten, ob es Gesundheit, Wohlstand, Ruhm, Prestige oder Vergnügen sei. Das jedoch entbehrt jeder Grundlage in der Bibel.

DIE UNERGIEBIGKEIT EINES GESCHÄFTIGEN LEBENS

Eines der größten Hindernisse für die Stille vor Gott ist unsere übermäßige Geschäftigkeit. Wir erleben dann die Unergiebigkeit eines geschäftigen Lebens. Unsere Karrieren nehmen uns völlig in Beschlag. Häuser und Familie lasten auf uns – ein Hauskauf, die Unterhaltung von ein oder zwei Autos, die Sorge für Nahrungsmittel, Kleidung, Versicherung, Schulbildung usw. Selbst in der sogenannten christlichen Vollzeitarbeit kann man leicht unter die „Tyrannei des Dringlichen", wie Charles Hummel es nannte, geraten. Die Vorbereitung der Predigten, der Dienst an den anderen Gläubigen, die Bitten um Rat, die tausend Anrufe um Hilfe lassen einem wenig Zeit, sich zu den Füßen Jesu zu lagern.

Wir werden zu „Workaholics" (Arbeitsabhängige). Wir sind wie die japanischen Autos, die mit dem Slogan: „Wir werden gefahren" angepriesen wurden. Wir erlauben so irdischen Sachen wie Haushalt und Einkaufen uns von den wirklich wichtigen Dingen abzuhalten. Aber wir müssen uns nicht entschuldigen, nur weil wir „gefahren werden". Auch beschäftigte Leute können stille werden vor Gott. Es ist größtenteils eine Frage der Zeiteinteilung. Selbst sehr aktive Menschen haben Freizeit und freie Minuten zwischendurch. Wir müssen lernen, uns selbst so weit zu disziplinieren, diese Momente für den Blick zum Himmel freizuhalten. Sind wir dazu zu beschäftigt, dann sind wir tatsächlich überbeschäftigt.

Gott offenbart sich nicht in aller Eile dem Menschen, der auf dem Sprung ist. Er zeigt nicht dem Sein Herz, der nur einen neugierigen, flüchtigen Blick darauf werfen will. Er offenbart Seine Herrlichkeit nicht dem geistlichen Touristen, sondern demjenigen, der zu Ihm auf den Berg heraufkommt. Die Herrlichkeit, die sich auf Moses' Gesicht nach 40 Tagen in Gemeinschaft mit Gott widerspiegelte, war nicht durch einen Schnappschuß hervorgerufen worden, sondern durch eine „Langzeitbelichtung".*

EINE DIREKTE VERBINDUNG VOM HIMMEL

Wir haben bereits erwähnt, daß die Stille vor Gott die Menschen häufig in die Lage versetzt, besondere Anweisungen vom Herrn zu empfangen. Wir müssen dabei jedoch sehr vorsichtig sein, denn einige oberflächliche oder sogar fleischliche Christen sagen: „Der Herr offenbarte mir, ..." Aber sowohl die Bibel als auch die Erfahrungen, die sich schließlich ergeben, beweisen, daß der Herr ihnen nichts dergleichen offenbart hat. Trotzdem täuscht das nicht über die Tatsache hinweg, daß diejenigen, die eine besondere Intimität mit Gott genießen, auch etwas von Ihm gezeigt bekommen können. Laßt mich mit drei Beispielen abschließen.

Frau Shepherd glaubte, daß der Herr ihr die Zusicherung gegeben habe, daß ihre große Kinderschar errettet werden würde. Als sie dies jedoch einem Prediger anvertraute, winkte dieser verächtlich ab. Ihr kränklicher Bruder, der auf der anderen Seite der Stadt wohnte, wußte nichts von dieser Angelegenheit. Eines abends, als er über Jesaja 49 nachdachte, bat er seine Frau, seiner Schwester eine Nachricht zu überbringen. Diese Nachricht war der Vers 25: „Und ich werde den befehden, der dich befehdet; und ich werde deine Kinder retten." In den nachfolgenden Jahren wurden alle ihre Kinder errettet.

Alfred genoß eine ungewöhnliche Nähe zum Herrn. Sein engster Freund Alex, der auch einen geheimen Platz beim Allerhöchsten innehatte, wohnte Tausende von Meilen entfernt. Eines Tages sagte der betagte Alfred zu seiner Tochter: „Weißt du, ich habe Alex schon seit drei Monaten nicht mehr am Thron der Gnade getroffen." Kurz darauf bestätigte ein Brief, daß Alex drei Monate zuvor gestorben war.

Es war ein Samstagnachmittag. Ein junger Gläubiger saß in seinem

Büro in der Stadt und rang in großer Seelenqual mit Gott. Er fühlte sich von Gott verlassen. Das Telefon klingelte. Es war Allan Smith, ein älterer Mann, der praktisch in den Büchern der Psalmen lebte. Er sagte: „Ich wollte dir nur sagen, daß der Herr dich mir besonders ans Herz gelegt hat und daß ich für dich bete." Der junge Mann war sehr erstaunt. Allan war nur ein flüchtiger Bekannter, und es gab keinerlei menschliche Erklärung dafür, daß er um sein Problem wußte. Und es gab auch keinerlei Grund zur Annahme, daß er an einem Samstag in seinem Büro anzutreffen war. Murdo MacLeod sagte einmal:

> „Die mit dem Herrn im Glauben wandeln, und die Ihn als ihren Begleiter kennen, die kommen unweigerlich in den Genuß Seiner Liebe und Fürsorge. Ihnen gegenüber wird Er sich nicht verschließen. Für sie ist Er kein Fremder ... Bei den christlichen Erfahrungen, gleich welcher Tiefe, gibt es ein geheimnisvolles Element, daß der Welt und auch den Christen, die es nur dem Namen nach sind, unbekannt ist."

* Zitiert aus '1200 More Notes, Quotes und anecdotes' von A. Naismith, Seite 93.

DIE SPRACHE DES CHRISTEN

Keiner wird überrascht sein, daß die Sprache des Christen das Barometer seines Charakters ist, denn „aus der Fülle des Herzens redet der Mund“ (Mt. 12,34b). Der geistliche Zustand eines Menschen ist einfach zu ermitteln, indem man seinen Reden zuhört.

Jakobus erinnert uns an eine Tatsache, die wir mit Sicherheit schon selbst erfahren haben. Obwohl die Zunge sehr klein ist, kann sie doch sowohl großen Schaden anrichten, als auch Gutes vollbringen. Obwohl der Mensch alle Geschöpfe der Wildnis zähmen kann, ist er doch nicht in der Lage, die Zunge zu zähmen. „Sie ist ein nicht zu bändigendes Übel, voll von tödlichem Gift.“ Anders als andere Dinge in der Natur, kann die Zunge Gegensätze hervorbringen, wie z. B. süß und bitter, Segen und Fluch (Jak. 3,1-12).

Auch wenn wir unsere Zungen nicht bändigen können, so können wir doch auf ewig dafür dankbar sein, daß Gott dazu in der Lage ist. Durch die Kraft des Geistes kann Er scharfe Zungen zu liebenswürdigen und schwatzhafte Zungen zu auferbauenden machen. Im Folgenden nun einige Merkmale, die unsere Sprache kennzeichnen sollten:

Sie sollte durch Ehrlichkeit und Wahrheitstreue gekennzeichnet sein. „Deshalb, da ihr die Lüge abgelegt habt, redet Wahrheit, ein jeder mit seinem Nächsten, denn wir sind Glieder voneinander“ (Eph. 4,25). Gott kann nicht lügen, und Er kann auch keinem anderen die Erlaubnis dazu erteilen. Dies schließt auch Flunkereien aus, sowie kleine Unwahrheiten, Übertreibungen, Schmeicheleien oder gebrochene Versprechen. Missionsberichte müssen nicht überzogen werden. Eine Sekretärin muß nicht behaupten, der Chef sei nicht im Hause, wenn er es doch ist. Und Kinder sollten nicht mit Lügen an die Tür geschickt werden, um unwillkommene Gäste zu empfangen.

Ist ein Mensch ehrlich, muß er nicht unbedingt ein gutes Gedächtnis haben. E. Stanley Jones meinte dazu: „Erzählt jemand Lügen, so muß er ein sehr gutes Gedächtnis haben, um die Lügen nicht offenbar werden zu lassen; sagt er jedoch immer die Wahrheit, so braucht er kein sehr gutes Gedächtnis zu haben – er sagt einfach nur die Wahrheit. Das ist einfach."

Unsere Sprache sollte wertvoll sein. „Kein faules Wort gehe aus eurem Mund ..." (Eph. 4,29a). Das Wort „faul" hat hier die Bedeutung von schlechter Qualität, unpassend für den Gebrauch, wertlos. Als die ersten Cassettenrekorder aufkamen, war es sehr spaßig, einen Rekorder im Zimmer zu verstecken und die Tischgespräche aufzuzeichnen. Spielte man das Band dann vor, so war es den Sprechern oft sehr peinlich, wenn sie die Aussagelosigkeit ihrer Gespräche feststellen mußten. Jesus warnte: „Ich sage euch aber, daß von jedem unnützen Wort, das irgend die Menschen reden werden, sie von demselben Rechenschaft geben werden am Tage des Gerichts" (Mt. 12,36). Daher sollte jedes leere Geschwätz als Sünde bekannt werden und aus unserem Leben hinweggetan werden.

Unsere Sprache sollte aufbauend sein. „... sondern das irgend gut ist zur notwendigen Erbauung" (Eph. 4,29b). Mit anderen Worten, wir sollten immer versuchen, andere durch unser Reden zu erbauen. H. A. Ironside lenkte eine Konversation immer auf erbauende Themen. Er fragte häufig: „Was denkst du, welche Bedeutung dieser Vers hat?" und zitierte dann eine dazu passende Schriftstelle. Wußte der andere nichts darauf zu sagen, fügte er liebenswürdig hinzu: „Könnte es vielleicht diese Bedeutung haben?" Seine Erklärungen waren unvergeßlich.

Einer meiner Freunde fing an, über einen anderen negativ zu sprechen. Es hörte sich nach deftigem Klatsch an. Aber mitten im Satz hielt er inne und sagte: „Nein! Das wäre nicht sehr erbauend." Seitdem sterbe ich vor Neugierde, aber ich habe eine wertvolle Lektion daraus gelernt, wie man seine Zunge zügeln kann.

Unsere Sprache sollte der jeweiligen Notwendigkeit entsprechen. „Kein faules Wort gehe aus eurem Munde, sondern das irgend gut ist zur notwendigen Erbauung, auf daß es den Hörenden Gnade darreiche" (Eph. 4,29). Die Fähigkeit, zur rechten Zeit das rechte Wort zu finden, ist eine sehr große Gabe. So, wie der gottesfürchtige Älteste, der sich über das Sterbebett eines Christen beugte und Hohelied 8,5 zitierte: „Wer ist sie, die da heraufkommt von der Wüste her, sich lehnend auf ihren Geliebten?“ Oder wie der geliebte Pfarrer, der die hinterbliebene Familie mit Psalm 30,5 in ihrer Trauer tröstet: „... am Abend kehrt Weinen ein, und am Morgen ist Jubel da.“ Oder wie die Christin, die am Ende eines Briefes an einen entmutigten Prediger Jesaja 49,4 anführte: „Ich aber sprach: Umsonst habe ich mich abgemüht, vergeblich und für nichts meine Kraft verzehrt; doch mein Recht ist beim Herrn und mein Lohn bei meinem Gott.“ Als Dr. Alexander Whyte in das Büro eines Rechtsanwaltes kam , wurde er von der Frage: „Haben Sie irgendeine Botschaft für einen alten Sünder?“ verblüfft. Er wiederholte den Vers, über den er gerade nachdachte: „... denn er hat Gefallen an Güte“ (Micha 7,18). Der Rechtsanwalt dankte ihm für dieses Wort, das ihn allein in diesem Moment trösten konnte. Dieser Vers traf genau die Not des Augenblickes. „So ist ein Wort, geredet zu seiner Zeit“ (Spr. 25,11b). „Und ein Wort zu seiner Zeit, wie gut“ (Spr. 15,23).

„IN GNADE“

Unsere Sprache sollte nicht nur auf die Situation zugeschnitten sein; sie sollte auch „in Gnade“ dem anderen zugewandt sein. „Euer Wort sei allezeit in Gnade ...“ (Kol. 4,6). Unser Herr war so liebenswürdig, daß sich alle „verwunderten ... über die Worte der Gnade, die aus seinem Munde hervorgingen“ (Luk. 4, 22b). War es nicht Gnade, daß Er, der Jude, von einer verachteten samaritischen Frau Wasser erbat (Joh. 4,7)? Und was war es anderes als Gnade, als Er zu der zusammengekauerten Frau, die Ehebruch begangen hatte, sagte: „So verurteile auch ich dich nicht“ (Joh. 8,11). Liebenswürdigkeit verlangt, daß wir von scharfen, schneidenden Bemerkungen abstehen, von unfreundlichen Andeutungen, von spitzem Sarkasmus. Lady Astor sagte: „Sir Winston, wäre ich Ihre Ehefrau, würde ich Gift in Ihren Kaffee schütten.“ Darauf erwiderte Mr. Churchill: „Lady Astor, wäre ich Ihr Gatte, ich würde den Kaffee trinken.“ Das ist zwar sehr lustig, aber nicht unbedingt sehr liebenswürdig!

Unsere Sprache sollte „in Gnade“ dem anderen freundlich zugewandt sein sein, aber auch mit Salz gewürzt. „Euer Wort sei allezeit in Gnade, mit Salz gewürzt“ (Kol. 4,6). Derselbe Herr, der sagte: „Gib mir zu trinken“, sagte auch: „Gehe hin, rufe deinen Mann“

(Joh. 4,16). Und nachdem Er gesagt hatte: „So werde auch ich dich nicht verurteilen“, fügte er hinzu: „Gehe hin und sündige nicht mehr.“ Diese Worte beinhalten eine gewisse Schärfe. Sie sind gewürzt.

Natürlich ist Salz auch ein Konservierungsmittel; es verhindert Fäulnis. Außerdem verursacht Salz starken Durst. Durch unsere Sprache sollten wir also die Leitlinien moralischer Integrität konservieren, d. h. festhalten und Durst nach dem lebendigen Wasser wekken, das Christus anbietet.

Die Sprache des Gläubigen sollte natürlich auch rein sein. „Hurerei aber und alle Unreinigkeit oder Habsucht werde nicht einmal unter euch genannt, gleichwie es Heiligen geziemt; auch Schändlichkeit und albernes Geschwätz oder Witzelei, welche sich nicht geziemen, sondern vielmehr Danksagung“ (Eph. 5,3.4). Je freier wir über Sünde und Unmoral reden, desto weniger ernst erscheint sie uns und denen, die uns reden hören. Es entsteht eine tödliche Vertrautheit, und der Schrecken der Sünde verliert bei uns seine Wirkung. Die Bibel redet zwar auch über abscheuliche Sünden, aber immer auf eine Art und Weise, um Abscheu vor diesen Sünden zu erregen. Niemals schwächt die Bibel den Ernst der Sünde ab oder spielt sie herunter.

Unsere Unterhaltungen sollten nicht durch Schwüre untermauert werden. „... noch bei der Erde ... noch solltst du bei deinem Haupte schwören ... Es sei aber eure Rede: Ja, ja; nein, nein; was aber mehr ist als dieses, ist aus dem Bösen“ (Mt. 5,34-37). „Vor allem, meine Brüder, schwöret nicht, weder bei demHimmel, noch bei der Erde, noch mit irgend einem anderen Eide; es sei aber euer Ja ja, und euer Nein nein, auf daß ihr nicht unter Gericht fallet“ (Jak. 5,12). Die Sprache der Christen sollte ständig ehrlich sein, damit sie niemals durch einen Schwur bekräftigt werden muß. Wie es jemand einmal sagte: „Schwüre haben keinerlei Nutzen. Ein guter Mann braucht keinen Schwur und ein schlechter gibt nicht viel darauf.“

Wir alle wissen, daß es falsch ist, den Namen des Herrn zu mißbrauchen oder kränkende Vulgärausdrücke zu benutzen. Aber was ist mit den versteckten Flüchen, d. h. den Verhüllungen verbotener Wörter? Zum Beispiel „igitt“ und „ogottchen“, die für Gott, oder „herje“, „herjemine“ für Jesus oder der Ausdruck „Jessesmaria“ für Jesus und Maria; oder „Sakra“ (ein alter Fluch für alles, was den Christen heilig ist). Alle diese Ausdrücke verletzen die Schrift ebenso wie ihre eindeutigeren Gegenstücke.

Was ist mit den im Gerichtssaal abzulegenden Schwüren? Als unser Herr vor Gericht stand, sagte der Hohepriester: „Ich beschwöre dich bei dem lebendigen Gott, daß du uns sagest, ob du der Christus bist, der Sohn Gottes!“ (Mt. 26,63). Beschwören bedeutet, jemanden unter Eid befehlen. Als Jude unter Gesetz, mußte der Herr Jesus unter Eid aussagen (3. Mo. 5,1), und Er tat es auch. Das klärt für viele Christen das Problem. Haben sie dennoch Gewissensbisse wegen eines gesetzlichen Schwurs, so können sie auch in Form einer eidesstattlichen Erklärung aussagen. Dabei beantwortet man Fragen oder gibt Aufklärung ohne bei Gott zu schwören.

Unsere Sprache sollte ehrfürchtig sein. Wir sollten nicht leichthin oder ohne Respekt von heiligen Dingen reden. Wir sollten die Schrift nicht zu Wortspielereien benutzen, d. h. Bibelverse zu einem lustigen Anlaß aus dem Zusammenhang gerissen zitieren. In bezug auf göttliche Angelegenheiten sollten wir sehr ernst sein.

Niemandem wird ein sauberer Humor verboten. Wahr ist jedoch, daß übermäßige Witzelei zu einem Mangel an geistlicher Kraft führt. Bei Zusammenkünften ist der Heilige Geist schon oft in seiner Kraft gedämpft worden durch eine Flut von lustigen Geschichten. Der Ernst einer Evangeliumsverkündigung wird häufig mit unterhaltsamen Anekdoten abgeschwächt.

Diener Christi sollten witzige und besserwisserische Bemerkungen vermeiden. Das Verlangen, in jede Konversation eine Witzelei einzubauen oder im Witzeerzählen besser zu werden, setzt einen in den wohlverdienten Ruf eines geistlichen Federgewichtes.

Unsere Sprache sollte kurz und treffend sein. „Bei der Menge der Worte fehlt Übertretung nicht; wer aber seine Lippen zurückhält, ist einsichtsvoll“ (Spr. 10,19). Mit anderen Worten: Je mehr wir reden, desto eher können wir sündigen. Wir können dies jedoch vermeiden, indem wir den Drang, immer etwas beitragen zu wollen, zurückhalten. „Sei nicht vorschnell mit deinem Munde, und dein Herz eile nicht, ein Wort vor Gott hervorzubringen; denn Gott ist im Himmel, und du bist auf der Erde: darum seien deiner Worte wenige“ (Pred. 5,2). Während sich diese Schriftstelle direkt auf Gelöbnisse vor Gott bezieht, ist dieser Rat jedoch auch für den allgemeinen Gebrauch gut.

Jemand, der ständig reden muß, ist tatsächlich ein Langweiler. Er macht niemals eine Pause, und kein anderer hat die Chance, auch nur eine Bemerkung am Rande zu machen. Er reißt jedes Gespräch sowie Zeit und Aufmerksamkeit des unglücklichen Zuhörers an sich.

Abschließend möchte ich gern eine kernige Zusammenfassung zitieren. Ich weiß nicht, wer sie verfaßt hat, aber ich wünschte, ich wäre es gewesen.

> „Was sollte ein Christ mit seiner Zunge tun? Er sollte sie kontrollieren, und niemals danach streben, in einer Unterhaltung zu dominieren. Er sollte sie trainieren, so wenig wie möglich zu sagen. Er sollte sie niemals für falsche Aussagen, Halbwahrheiten, Bosheiten, Andeutungen, Sarkasmus, schmutziges Gerede oder leeres Geschwätz benutzen. Er sollte sie in Umständen, in denen ein Zeugnis, ein Bekenntnis oder eine Ermutigung gefragt ist, benutzen. Ist er einer dieser seltsamen Typen, die ein 'Dankeschön' so schwer aussprechen können, dann sollte er seine Zunge trainieren, diese Worte zu äußern und lernen, mit dem tödlichen Stolz, der in diesen Menschen liegt, umzugehen."

Die Zunge sollte den Gedanken folgen, sie sollte sie niemals anführen. Es haben mehr Leute ihr Reden bereut als andere ihr Schweigen. Derjenige, der spricht, sät, aber derjenige, der zuhört, erntet.

GEREDE

Vor einigen Jahren erschien der folgende Artikel im ATLANTA JOURNAL:

> „Ich bin tödlicher als die heulende Granate einer Haubitze. Ich siege ohne zu töten. Ich bringe Häuser auseinander, breche Herzen und zerstöre Leben. Ich reise auf den Flügeln des Windes. Keine Unschuld ist stark genug, mich einzuschüchtern, keine Reinheit rein genug, um mich zu entmutigen. Ich nehme keine Rücksicht auf Wahrheit, habe keinen Respekt vor der Gerechtigkeit und keine Gnade bei Wehrlosigkeit. Meine Opfer sind so zahlreich wie der Sand am Meer und meistens auch genauso unschuldig. Ich vergesse niemals und vergebe nur sehr selten. Mein Name ist Gerede!" (Choice Gleanings).

Jakobus dachte vielleicht besonders an die Sünde des Geredes, als er schrieb: „... denn wir alle straucheln oft. Wenn jemand nicht im Wort strauchelt, der ist ein vollkommener Mann, fähig, auch den ganzen Leib zu zügeln" (Jak. 3,2).

Es ist so einfach und natürlich, zu reden, aber so schwierig, diese Gewohnheit fallen zu lassen.

Was ist Gerede? R. Marshall sagte, es ist die Kunst, nichts zu sagen, ohne etwas ungesagt zu lassen. Bill Gothard sagt, es ist das Mitteilen von Informationen an Personen, die nichts mit dem Problem noch mit seiner Lösung zu tun haben. Wir können diese Definition noch erweitern, indem wir sagen, daß es abfälliges Reden über abwesende Personen ist. Gerede setzt sein Opfer in ein ungünstiges Licht; Gerede sagt Dinge, die weder nett noch auferbauend noch notwendig sind. Es bedeutet, einen Menschen hinter dessen Rücken schlechtzumachen, anstatt es ihm ins Gesicht zu sagen. Es ist eine Art Meuchelmord an einem Charakter.

Die Bibel geht mit dieser Praktik sehr hart ins Gericht:

„Du sollst nicht als ein Verleumder unter deinen Völkern umhergehen“ (3. Mo. 19,16a).

„Wer als Verleumder umhergeht, deckt das Geheimnis auf; wer aber treuen Geistes ist, deckt die Sache zu“ (Spr. 11,13; siehe auch 20,19).

„Ein verkehrter Mann streut Zwietracht aus, und ein Ohrenbläser entzweit Vertraute“ (Spr. 16,28).

„Die Worte eines Ohrenbläsers sind wie Leckerbissen, und sie dringen hinab in das Innerste des Leibes“ (Spr. 18,8).

„Wo es an Holz fehlt, erlischt das Feuer; und wo kein Ohrenbläser ist, hört der Zank auf“ (Spr. 26,20).

In Römer 1,29 zählt Paulus die Schwätzer (Ohrenbläser) den Mördern und unmoralischen Menschen zu.

SAG NIEMANDEM, DAß ICH ES DIR GESAGT HABE

Manchmal versuchen wir Gerede zu tarnen, indem wir vorgeben, es zu einem Gebetsanliegen zu machen. „Ich sage dies nur, damit du dafür beten kannst, aber weißt du, daß ...“ Oder wir wollen eine offene Kränkung vermeiden, indem wir es in aller Vertraulichkeit weitererzählen. Das Folgende ist häufig das Resultat.

Zwei Frauen in Brooklyn unterhalten sich:

„Tillie erzählte mir, daß du ihr das Geheimnis erzählt hast, das ich dich bat, ihr nicht zu erzählen.“

„Sie ist ein gemeines Biest! Ich sagte Tillie, sie sollte dir nicht erzählen, daß ich es ihr erzählt habe.“

„Weißt du, ich sagte Tillie, ich würde dir nicht erzählen, daß sie es mir erzählt hat – also erzähle ihr nicht, daß ich es doch getan habe.“

In seinem Buch „Seasons of Life“ (Jahreszeiten des Lebens) behandelt Charles Swindoll Gerüchtemacher – lediglich als ein anderer Ausdruck für Gerede. Hier ein Auszug, aus dem, was er dazu sagt:

„Diejenigen, die von Gerüchten leben, sind kleine mißtrauische Typen. Sie finden ihre Befriedigung darin, in schwach erhellten Straßen zu verkehren, heimtückische Bomben fallen lassen, die in den Gedanken der anderen explodieren, indem sie das Dunkel der Ahnungen erhellen. Sie fühlen sich wohl in ihrer Funktion als 'unschuldiger' Kanal unsicherer Informationen ... natürlich nie als Quelle! Das allgegenwärtige 'Sie sagen', oder 'hast du gehört', oder 'so wie ich es verstanden habe', gibt denen, die die Gerüchte verbreiten, Sicherheit."

„Hast du gehört, die Hysterical Concrete Memorial Church steht vor einer Spaltung?"

„Ich hörte, daß Ferdinand und Flo sich scheiden lassen ... man sagt, sie war untreu."

„Man sagt, seine Eltern sind sehr reich."

„Hast du gehört, daß Pastor Elphinstonsky gebeten wurde, seine frühere Gemeinde zu verlassen?"

„Man sagte mir, ihr Sohn nimmt Rauschgift ... er wurde bei einem Ladendiebstahl erwischt."

„Jemand sagte mir, sie mußten heiraten."

„Es erwähnte einmal jemand, daß er ein starker Trinker sei."

„Ich hörte, daß sie gern flirtet ... nimm dich in acht vor ihr."

„Es heißt, ... daß er sich schließlich an die Spitze geschummelt hat."

„Viele Leute glauben, daß man ihm nicht trauen kann."

Wir alle wissen, wie Gerede und Gerüchte wachsen, wenn sie von einem zum anderen weitergetragen werden. Jeder einzelne fügt noch einen etwas negativeren Touch hinzu, und am Ende hat die Geschichte wenig Ähnlichkeit mit dem Original.

PAULUS ERWÄHNTE NAMEN – ABER WARUM?

Vielleicht mag jemand einwenden, daß Paulus kritisch von Hymenäus und Alexander spricht (1.Tim. 1,19.20); von Phygelus und Hermogenes (2. Tim. 1,15); und von Alexander, dem Schmied (2. Tim. 4,14). Johannes verschonte Diotrephes (3. Joh. 9.10) nicht. Dieses Zeugnis ist wahr. Aber der Sinn war, die Gläubigen wegen dieser Männer zu warnen, und nicht, sie verleumderisch anzugreifen.

Es wird für Führer oft notwendig, über Personen zu sprechen, wenn Züchtigung oder Korrektur erforderlich sind. Aber das geschieht nur, um den beteiligten Personen zu helfen, und nicht um sie herunterzumachen. Hier handelt es sich nicht um Gerede.

Es gibt einige positive Schritte im Umgang mit Gerede.

Zunächst einmal können wir den Erzähler bitten, uns die Quelle zu nennen. Paulus zeigt uns ein Beispiel auf in 1. Korinther 1,11. „Denn es ist mir von euch kund geworden, meine Brüder, durch die Hausgenossen der Chloe, daß Streitigkeiten unter euch sind."

Zweitens können wir den Schwätzer um Erlaubnis bitten, seinen Namen der betreffenden Person gegenüber zu erwähnen. „Wäre es schlimm, wenn ich ihm erzähle, was du mir gerade über ihn gesagt hast?"

„O Schreck, tu das ja nicht! Das wäre das Ende unserer Freundschaft!"

Oder aber wir können uns weigern, dem Geschwätz zuzuhören. Wir können sehr höflich sagen, daß wir es lieber nicht hören wollen oder wir lenken das Gespräch in etwas erbaulichere Bahnen. „Wenn niemand auf das Gerede hört, dann kann es auch keiner weitererzählen. Mache die Zuhörer taub und du machst den Schwätzer stumm" (R. Marshall).

Ein türkisches Sprichwort sagt: „Wer dir Gerede erzählt, wird auch über dich reden."

TEMPERAMENT

Es geschah in einer Gemeindestunde: Er konnte seinen Willen nicht durchsetzen. Er schäumte vor Wut. Er fuchtelte wie wild mit den Armen herum, als er einen Schwall von Beschimpfungen losließ. Seine Augen funkelten, sein Unterkiefer zuckte, und seine Fingerknöchel wurden weiß. Schließlich stürmte er hinaus und schrie: „Ich gehe, und der Herr geht mit mir." Aber niemand hielt ihn für einen Heiligen. Niemand glaubte daran, daß der Herr einen Menschen in einem solchen Temperamentsausbruch begleiten würde.

Eine andere Szene. Sonntag morgen. Die Familie macht sich fertig für die Kirche. Die Kinder trödeln, der Vater schreit, die Mutter hat Schwierigkeiten mit dem Ofen, und das ganze Haus ist in Aufruhr. Aber keine Angst. Gleich sitzen sie mit dem Lächeln eines Cherubims in der Kirchenbank mit ordentlich zurechtgerücktem Heiligenschein.

Gehen wir über zur Weihnachtszeit. Verzweifelt hat man unnötige Geschenke gekauft für Leute, die alles haben. Der Druck wächst. Man ist am Ende mit seinen Nerven. Man wird sehr leicht wütend. Eine unfreundliche Bemerkung, und der Ofen fliegt in die Luft. Der Krach ist da! Und damit feiert man die Geburt des sanftmütigen und bescheidenen Jesus!

Das Leben ist voll von solchen Temperamentsprüfungen, die geschickterweise als Frustrationen umschrieben werden. Irgend jemand hat deinen neuen Wagen in der Parklücke angefahren. Dein Flugzeug hat Verspätung. Der Kellner ist außerordentlich unbeholfen und verschüttet Suppe auf deinen Schoß. Nachts um 3:30 Uhr geht dein Telefon: „O, entschuldigen Sie, ich habe mich verwählt." Du hast gerade aufgehängt, als es noch einmal klingelt. Derselbe Schwachkopf! Dein Sohn hat Farbe auf dein wertvollstes Besitzstück gespritzt, und der Hund hat die Arbeit vieler Jahre zerfetzt.

Nichts ist weniger werbend für den christlichen Glauben als ein Temperamentsausbruch. Und nichts spricht besser für die verändernde Kraft Christi als ein Mensch, der ruhig und gelassen in solchen Situationen reagiert, die nun wirklich eine Versuchung sind. Kein

Wunder, denn die Schrift sagt: „Besser ein Langmütiger als ein Held, und wer seinen Geist beherrscht, als wer eine Stadt erobert“ (Spr. 16,32).

ZEIT FÜR DEN ZORN

Vielleicht wendet jetzt jemand ein, daß wir in Epheser 4,26 zum Zorn aufgefordert werden: „Zürnet, und sündigt nicht. Die Sonne gehe nicht unter über eurem Zorn.“ Es stimmt, es gibt Zeiten, da sollen wir zornig sein. Jesus war daher zornig, als die Menschen Seines Vaters Haus zu einer Räuberhöhle machten (Mt. 21,13). Und wir sollten zornig werden, wenn andere Menschen schlecht behandelt werden. Kurzum, im Interesse des Herrn und um anderer willen dürfen wir zornig sein, aber niemals um unserer selbst willen. Für Gottes Sache sollen wir sein wie Löwen, für unsere eigene wie Lämmer. Und selbst dann besteht noch die Gefahr, daß der gerechte Zorn in Sündigen umschlägt. Darum schreibt Paulus: „Zürnet, und sündigt nicht. Die Sonne gehe nicht unter über eurem Zorn.“

Dieser einen Aufforderung zum Zorn stehen eine Menge anderer Verse gegenüber, die uns auffordern, langmütig und langsam zum Zorn zu sein.

> „Alle Bitterkeit und Wut und Zorn und Geschrei und Lästerung sei von euch weggetan, samt aller Bosheit. Seid aber gegeneinander gütig, mitleidig, einander vergebend, gleichwie auch Gott in Christus euch vergeben hat“ (Eph. 4, 31.32).

> „Die Frucht des Geistes aber ist: ... Langmut ...“ (Gal. 5,22).

> „... mit aller Demut und Sanftmut, mit Langmut einander ertragen in Liebe“ (Eph. 4,2).

> „Gekräftigt mit aller Kraft nach der Macht seiner Herrlichkeit, zu allem Ausharren und aller Langmut mit Freuden“ (Kol. 1,11).

> „Der Jähzornige begeht Narrheit, und der Mann von Ränken wird gehaßt“ (Spr. 14,17).

„Ein Langmütiger hat viel Verstand, aber ein Jähzorniger erhöht die Narrheit“ (Spr. 14,29).

„Ein zorniger Mann erregt Zank, aber ein Langmütiger beschwichtigt den Streit“ (Spr. 15,18).

„Die Einsicht eines Menschen macht ihn langmütig, und sein Ruhm ist es, Vergehung zu übersehen“ (Spr. 19,11).

„Ein zorniger Mann erregt Zank, und ein Hitziger ist reich an Übertretungen“ (Spr. 29,22).

„Der Tor läßt seinen ganzen Unmut herausfahren, aber der Weise hält ihn beschwichtigend zurück“ (Spr. 29,11).

Der Herr fragte Jona: „Ist es recht, daß du zürnest?“ Wir sollten es für das nächste Mal beherzigen, wenn wir versucht sind, die Kontrolle zu verlieren. Wir sollten uns dann wie Julius Cäsar verhalten: wurde er provoziert, so repetierte er im stillen erst das ganze Alphabet, bevor er antwortete.

DIE KLEIDUNG EINES CHRISTEN

„Was? Du meinst wirklich, Heiligkeit hätte etwas mit der Kleidung zu tun? Auf keinen Fall! Das Innere zählt. Gott ist nur an dem interessiert, was wir sind, nicht an unserem Äußeren."

Dieses Argument klingt überzeugend, aber Tatsache ist, daß Gott an beidem Interesse hat, da Er weiß, daß unser Äußeres oftmals ein Abbild unseres Inneren ist. Höre einmal zu, wie Er z. B. die Töchter Zions züchtigt:

> „An jenem Tage wird der Herr wegnehmen den Schmuck der Fußspangen und der Stirnbänder und der Halbmonde, die Ohrgehänge und die Armketten und die Schleier; die Kopfbunde und die Schrittkettchen und die Gürtel und die Riechfläschchen und die Amulette; die Fingerringe und die Nasenringe; die Prachtkleider und die Oberröcke und die Umhänge und die Beutel; die Handspiegel und die Hemden und die Turbane und die Überwürfe. Und es wird geschehen, statt des Wohlgeruchs wird Moder sein, und statt des Gürtels ein Strick, und statt des Lockenwerks eine Glatze, und statt des Prunkgewandes ein Kittel von Sacktuch, Brandmal statt Schönheit" (Jes. 3,18-24).

Warum kümmert sich Gott darum? Die Antwort finden wir in Vers 16:

> „Weil die Töchter Zions hoffärtig sind, und einhergehen mit gerecktem Halse und blinzelnden Augen, und trippelnd einhergehen und mit ihren Fußspangen klirren."

Ihr teures und protziges Äußeres waren Anzeichen für ihren Stolz und ihre Eitelkeit.

TIPS FÜR DEN KLEIDERSCHRANK

Betrachten wir nun einmal die Prinzipien, die das Wort uns setzt, damit Christus Herr unseres Kleiderschranks ist.

Zunächst einmal sollte unsere Kleidung bescheiden und diskret sein. „Desgleichen auch die Frauen in bescheidenem Äußeren" (1. Tim. 2,9a). „Bescheiden" kann verschiedene Bedeutungen haben, aber mit Sicherheit ist die Vorstellung von dezent darunter zu finden. Bescheidene Kleidung enthüllt nicht große Partien der menschlichen Anatomie in eindeutig aufreizender Absicht. Diese Kleidung macht es anderen Gläubigen nicht schwer, so zu leben, wie es ein Christ tun sollte.

Unsere Kleidung sollte auch nicht unbedingt Aufmerksamkeit erregen. Wir sind nicht auf der Erde, um die Aufmerksamkeit auf uns selbst zu lenken; unser Ziel ist es, Christus zu verherrlichen (Joh. 3,30). Wir müssen also zwei Extreme vermeiden. Einerseits sollen wir die Welt nicht in ihrem letzten Modeschrei imitieren, andererseits sollen wir nicht auf Grund von unmoderner und schlampiger Kleidung auffallen. Es gilt immer noch die alte Regel: „Sei nicht der erste, der das Neue ausprobiert, noch der letzte, der das Alte weglegt."

Und sicherlich sollten wir nur eine bescheidene Menge an Kleidung besitzen. In einer Welt, in der so große Not herrscht, scheint es für einen Christen ziemlich ungeistlich, wenn sein Kleiderschrank wie ein Kaufhaus in Kleinformat aussieht.

Aus demselben Grund sollten wir es auch vermeiden, Kleidung zu extrem teuren Preisen zu kaufen. „... nicht mit Haarflechten und Gold oder Perlen oder kostbarer Kleidung" (1. Tim. 2,9b). „Deren Schmuck nicht der auswendige sei durch Flechten der Haare und Umhängen von Gold oder Anziehen von Kleidern" (1. Petr. 3,3). Das bedeutet allerdings nicht, daß wir immer nur die billigsten Sachen kaufen müssen. Das wäre eine falsche Vorstellung von Sparsamkeit. Wir müssen den Preis und die Qualität gegeneinander abwägen. Kaufen wir beispielsweise die billigsten Schuhe, so ist es gut möglich, daß wir mehr für den Orthopäden ausgeben, als wir es letztendlich für ein etwas teureres Paar Schuhe von besserer Qualität getan hätten.

Unsere Kleidung sollte sauber und ordentlich sein. Schmutzige und schäbige Kleidung ist keine gute Werbung für den Heiland. Oder wie Oswald Chambers sagte: „Schlampigkeit ist eine Beleidigung des

Heiligen Geistes."

Die Kleidung des Christen sollte das Geschlecht des Trägers nicht verwischen. Diese Tatsache wird normalerweise mit 5. Mose 22,5 belegt: „Es soll nicht Mannszeug auf einem Weibe sein, und ein Mann soll nicht das Gewand eines Weibes anziehen; denn wer irgend solches tut, ist ein Greuel für den Herrn, deinen Gott." Dieser Vers richtet sich zunächst gegen Transvestismus, d. h. das Anziehen von Kleidern und Nachahmen des Verhaltens des anderen Geschlechtes. Aber es gilt auch für die unisexe Bewegung, d. h. das Auslöschen der Verschiedenartigkeit der Geschlechter durch Haarschnitt und Kleidung. Es ist außer Frage, daß Gott die Verwirrung der Geschlechter haßt. Ein Hose, die für Frauen geschnitten ist, fällt nicht unter diese Kategorie; sie würde an einem Mann lächerlich wirken. Einen Mann in einem schottischen Kilt würde niemand mit einer Frau verwechseln.

Generell gesagt, sollte unsere Kleidung repräsentativ für den Herrn sein, dessen Botschafter wir sind. Die Kleidung kann entsprechend des Kulturkreises und der Zeit, in der wir leben, unterschiedlich sein. Wir dürfen nie vergessen, daß unsere Kleidung unsere Botschaft zunichte machen kann. Kierkegaard erzählt die Geschichte eines Zirkusclowns, der in seiner Verkleidung in die Stadt geschickt wurde, um vor einem Feuer, das im Zirkuszelt ausgebrochen war und sich ausbreitete, zu warnen. „Die Bewohner der Stadt hörten seine Schreie und schrieen vor Lachen. Es war genau die Art Unsinn, die sie von einem Clown erwarteten. Die Stadt brannte ab, nur weil das, was man mit seinem Aussehen verband, seine Boschaft zunichte machte."

ES IST DAS INNERE

Die Betonung der Bibel liegt auf unserem inneren Charakter, nicht auf unserer äußeren Erscheinung. Lies z. B. Kolosser 3,12-14.

> „Ziehet nun an, als Auserwählte Gottes, als Heilige und Geliebte: herzliches Erbarmen, Güte, Demut, Milde, Langmut, einander ertragend und euch gegenseitig vergebend, wenn einer Klage hat wider den anderen; wie auch Christus euch vergeben hat, also auch ihr. Zu diesem allen aber ziehet die Liebe an, welche das

Band der Vollkommenheit ist."

Gehen wir zurück zu 1. Timotheus 2,9.10: „Desgleichen auch, daß die Frauen ... sich schmücken, ... durch gute Werke."

Betet den Herrn in der Schönheit der Heiligkeit an!
Beugt euch vor Ihm nieder, verkündet Seinen Ruhm;
mit Kleidern des Gehorsams, und mit Weihrauch der Unterwürfigkeit,
kniet nieder und betet Ihn an; Der Herr, so ist Sein Name.

EHRLICHKEIT

Gibt es irgendeine Berechtigung zur Lüge? Darauf gibt es nur eine Antwort. Gott kann nicht lügen und Er kann keinen anderen dazu ermächtigen, es zu tun. Das neunte Gebot verbietet, wider den Nächsten falsches Zeugnis abzulegen. Christen sollen die Lüge ablegen und dem Nächsten die Wahrheit sagen (Eph. 4,25). Satan ist der Vater der Lüge (Joh. 8,44), und wir sollen sein Verhalten auf keinen Fall nachahmen.

Die Bibel berichtet zwar auch von Lügen, aber sie billigt sie nicht ein einziges Mal. Abraham log, was Sarah betraf (1. Mo. 12,10-20; 20,2). Isaak log in bezug auf Rebekka (1. Mo. 26,7). Ananias und Sapphira belogen Gott über das Ausmaß ihrer Gabe (Apg. 5,1-11).

Es gibt andere Gelegenheiten, wo Gottes Volk nicht log, aber auch nicht die ganze Wahrheit mitteilte. Die hebräischen Hebammen sagten dem Pharao, daß die hebräischen Frauen ihre Kinder schon zur Welt gebracht hätten, bevor noch die Hebammen zu ihnen kommen konnten (2. Mo. 1,19). Die Tatsache, daß Gott diese Aussage billigt (V. 20), zeigt, daß dies keine Lüge war. Mose bat für die Israeliten um Erlaubnis, für drei Tage in die Wüste zu gehen, um zu opfern (2. Mo. 5,3); er wußte, daß, wenn der Pharao diese geringe Bitte ablehnen würde, er der einen großen Bitte, nämlich der Bitte nach ständiger Freiheit, nicht nachkommen würde. Ehud behauptete, er hätte eine Botschaft von Gott an den König Eglon; er sagte jedoch nicht, daß es eine Todesbotschaft war (Ri. 3,12-30). Als Gott dem Samuel den Auftrag gab, David zum König zu salben, wies Er ihn an, auf Sauls eventuelle Frage zu antworten, daß er gekommen sei, um Gott zu opfern (1. Sam. 16,1-3). Das stimmte auch. Er kam, um zu opfern, aber das war nicht der einzige Grund für diese Reise. Samuel war nicht verpflichtet, alles zu sagen, was er wußte.

Einige Menschen versuchen Lügen mit der Entschuldigung zu rechtfertigen, daß der Zweck die Mittel heilige. Böses zu tun, um Gutes zu erreichen, ist eine Form der jesuitischen Kasuistik, die von der Schrift verdammt wird (Röm. 3,8).

Das Gewissensproblem auf diesem Gebiet ist am heikelsten, wenn ein Menschenleben durch die Wahrheit gefährdet ist. Das klassische Beispiel sind Christen, die Juden während der Nazizeit versteckten. Die Soldaten kamen an die Tür und fragten: „Wohnen hier irgendwelche Juden?“ „Nein“ zu sagen, wäre eine glatte Lüge gewesen. Jede andere Antwort hätte den Tod für die Juden und ihre Freunde bedeutet. Was sollten sie tun?

Einige würden vielleicht sagen: „Die Wahrheit sagen und dem Herrn die Angelegenheit überlassen.“ Das wäre ein ziemlich sicheres Todesurteil gewesen.

Eine andere Möglichkeit ist, Gott in diesem Moment zu vertrauen, daß er einem eine passende Antwort schenkt, die weder unehrlich noch belastend ist. Gott kann sie uns schenken, aber Er hat sich nicht immer dafür entschieden.

Andere sagen, daß in einer so bösen Welt wie der unseren es manchmal einfach notwendig ist, das kleinere von zwei Übeln zu wählen. Die einzige Gelegenheit, bei der diese Politik gelten könnte, ist ein Fall, bei dem Menschenleben beteiligt sind.

Andere zitieren Apostelgeschichte 5,29: „Man muß Gott mehr gehorchen als Menschen.“ Gott sagt: „Du sollst nicht töten“ (2. Mo. 20,13). Er sagt auch: „Errette, die zum Tode geschleppt werden, und die zur Würgung hinwanken, o halte sie zurück! Wenn du sprichst: Siehe, wir wußten nichts davon, wird nicht er, der die Herzen wägt, es merken? Und er, der auf deine Seele achthat, es wissen?“ (Spr. 24,11.12).

Und eine letzte Betrachtung. Es gibt verschiedene Handlungen, die für sich selbst gesehen nicht gut sind, aber die zu guten Taten werden, wenn sie eine Demonstration des wahren errettenden Glaubens sind. Eigentlich wäre es Mord gewesen, hätte Abraham Isaak als Brandopfer geopfert, aber Gott billigte es, da es Abrahams wahren Glauben offenbarte (Jak. 2,21). Eigentlich wäre es Hochverrat gewesen, daß Rahab sich mit den Spionen abgab, aber in Wirklichkeit wurde sie dadurch gerechtfertigt, weil es bewies, daß sie eine wahre Gläubige im Herrn war (Jak. 2,25). Läßt man den Glauben bei diesen zwei Begebenheiten weg, so wären es böse Taten gewesen.

Wie wir schon festgestellt haben, ist dieses Problem wirklich sehr heikel. Glücklicherweise werden die meisten von uns niemals damit konfrontiert. Für die unzähligen Probleme, mit denen wir es zu tun haben, gilt folgendes: Sage die Wahrheit, und lüge nicht.

ETHIK

Keine Betrachtung der christlichen Heiligkeit wäre vollständig ohne die Berücksichtigung der Ethik, d. h. des Problems, was moralisch gut oder schlecht ist, richtig oder falsch. In jeder Gesellschaft gibt es unzählige Versuchungen und Situationen, die einladen, Kurven zu schneiden, Kompromisse zu schließen und zu betrügen. Besonders groß ist die Versuchung, wenn Geld im Spiel ist. Das war es auch, was Voltaire zu der Behauptung führte: „Wenn es um's Geld geht, haben alle Menschen dieselbe Religion." Daher sollte jeder Christ bereit sein zu beweisen, daß Voltaire sich irrte.

Ein Geschäftsmann sagte einmal, daß seine Philosophie die folgende sei: „Wirtschaft ist wie eine gefaltete Leinwand; sie kann nur stehen, wenn sie geknickt ist." Andere geben ganz offen zu, daß sie Konkurs gingen, würden sie sich in ihren Geschäften an die Prinzipien der Bergpredigt halten; mit anderen Worten: sie könnten nicht überleben, wären sie aufrichtig.

Wir wollen einmal einige ethische Vergehen aufzählen, die heute recht gebräuchlich sind: Fälschung der Einkommensteuererklärung; Manipulation der Spesenrechnungen; unehrliche Werbung; Zurückgreifen auf Bestechung, Provisionen und Schmiergelder; Betrügen bei Gewichten und Abmessungen; Herstellung minderwertiger Waren; ungedeckte Schecks, d. h. das Ausstellen von Schecks ohne entsprechender Geldmenge auf dem Konto; Erklärung des Konkurses, um den Gläubigern zu entkommen. Andere unethische Praktiken sind z. B. : Diebstahl geistigen Eigentums; sich von der Büroausrüstung oder den Werkzeugen des Arbeitgebers etwas anzueignen; Unfähigkeit, für jede bezahlte Stunde auch sechzig Minuten zu arbeiten; während der Arbeitszeit für den Herrn arbeiten; sich der Arbeit für den Herrn zu entziehen; Verkehrsregeln nicht beachten; Versprechen brechen; Unfähigkeit, Verabredungen pünktlich einzuhalten.

Sollte ein christlicher Rechtsanwalt einen Kriminellen für nicht schuldig erklären, wenn er weiß, daß dieser schuldig ist? Sollte eine christliche Flugbegleitung Alkohol servieren? Was ist mit einem

Einkäufer, der Geschenke und Gratiseinkäufe akzeptiert? Da ist ein Missionar, der Tage oder Wochen der Verzögerung einsparen kann, wenn er die Bürokratie besticht; sollte er es tun? Ein Student hat vorher Zugang zu den Prüfungsfragen, sollte er es annehmen? Ist es ein ethisches Problem, Waren zu verkaufen, die Krebs hervorrufen können? Einer christlichen Schule, die finanzielle Schwierigkeiten hat, wird von einer Brauerei 100.000 DM angeboten; sollte der Direktor diese Gabe annehmen? Ein Patient besteht darauf, daß der christliche Arzt einen Versicherungsanspruch unterschreibt, von dem beide wissen, daß er nicht besteht? Ein Zulieferer von Baumaterialien sitzt im örtlichen Prüfungsausschuß. Kauft ein Bauunternehmer bei ihm ein, gewährt er ihnen Steuernachlaß auf ihre Grundstücke. Irgendwo müssen sie ja einkaufen, warum also nicht bei ihm?

DIE HOHEN KOSTEN VON EHRLICHKEIT UND UNEHRLICHKEIT

Ein Grieche besitzt ein kleines Restaurant. Ein Inspektor überprüft sein Restaurant und stellt ein Liste von Dingen auf, die verändert werden müssen: eine neue Abzugshaube für den Herd; ein neuer Hackklotz; neue Tische und Stühle und noch weitere Veränderungen, die den Griechen Tausende von Mark kosten würden. Schließlich fragt ihn der Inspektor: „Ist Ihnen das 100 DM wert?" Sagt der Eigentümer: „Nein!" wird ihm der Inspektor antworten: „Entweder sind die Veränderungen innerhalb von zwei Wochen vorgenommen, oder Sie machen den Laden zu."

Als die Tacoma Narrows Brücke fertiggestellt war, war ein kühner Versicherungsvertreter sehr glücklich darüber, daß er den Versicherungsvertrag abschließen konnte. Er war sich so sicher, daß die Brücke unzerstörbar sei, daß er die Versicherungsbeiträge in die eigene Tasche steckte. Eines Tages brachte ein starker Wind die Konstruktion ins Schwingen, und die ganze Brücke stürzte ins Wasser.

Es besteht kein Zweifel daran, daß Christen oftmals schwere Entscheidungen zu treffen haben, aber es ist noch schwerer, wenn man die falsche trifft.

Im Folgenden einige Beispiele von Menschen, die den Mut hatten, das zu tun, was sie für richtig hielten, egal, wie hoch der Preis dafür sein mochte.

Adam Clark arbeitete in einem Stoffladen. Sein Chef wies ihn an, die Seide beim Abmessen zu dehnen. Adam sagte darauf: „Chef, ihre Seide läßt sich vielleicht dehnen, nicht aber mein Gewissen." Gott benutzte Adam Clark später dazu, einen Kommentar zur Bibel zu schreiben, der seinen Namen trägt.

In einem anderen Geschäft drängte ein Kunde den Verkäufer, ihm kostenlos eine zusätzliche Menge mitzugeben. „Na, kommen Sie schon", sagte der Kunde, „Ihr Chef schaut gerade nicht." Darauf erwiderte der Verkäufer: „Mein Chef sieht mich immer!"

Dick F. reiste in seinem neuen Job eine Woche lang mit seinem Ausbilder herum. Am Ende der Woche fügte der Ausbilder seiner Spesenrechnung einige unkorrekte Reisekosten hinzu und forderte Dick auf, dasselbe zu tun, da sie ja ganz offensichtlich die ganze Woche lang zusammen waren. Dick protestierte, daß er so etwas als Christ nicht machen könne, selbst wenn sein Job davon abhinge. Der Ausbilder bekam einen Wutanfall, aber Dick behielt seinen Job und wurde später Missionar in Ecuador.

Als Harold G. einen Job als Auslieferer für Kartoffelchips an Supermärkte bekam, wurde ihm angeordnet, immer einen spitzen Bleistift dabei zu haben, um die Tüten der Konkurrenz anzustechen. Dadurch gelangt feuchte Luft in die Tüten und läßt die Chips weich werden. Harold weigerte sich und wurde dennoch nicht gefeuert. Manchmal erkennen die Arbeitgeber, daß ehrliche Menschen die besten sind.

Bob B. arbeitete für ein Herrenbekleidungsgeschäft. Einmal teilte ihm der Abteilungsleiter, der bekannte, ein Christ zu sein, mit, daß sie Herrenanzüge reduzieren würden. Bob sollte alle Anzüge, die normalerweise für DM 350,– verkauft wurden, mit nach oben nehmen, sie neu auszeichnen mit DM 400,– und dann auf DM 375,– heruntersetzen. Nach einem Protest beim Geschäftsführer kündigte er. Gott ehrte ihn und stellte ihn in Seinen Dienst.

Gottes Versprechen kann man sich sicher sein. „Denn die mich ehren, werde ich ehren“ (1. Sam. 2,30). Auf kurze Sicht gesehen muß man vielleicht einen hohen Preis bezahlen, aber der Herr wird die Seinen, die gerecht handeln, immer entschädigen.

ZERBROCHENSEIN

Es gab eine Zeit, als ein Feuer der Erweckung über Ruanda hereinbrach, und eines der auffälligsten Kennzeichen war ein Geist des Zerbrochenseins, der die dortigen Gläubigen kennzeichnete. Pastor Jack Baker (der Name ist frei erfunden) wurde von seiner Gemeinde in England nach Ruanda geschickt, um Männer auf den Dienst vorzubereiten.

Während er in den Seminaren lehrte, wurde seine Theologie immer liberaler. Er streute Zweifel und Ablehnung gegen das Wort Gottes. In seiner Klasse gab es eine kleine Gruppe von Männern, die „abalokele" genannt wurden, d. h. die Wiedergeborenen. Jeden Morgen um 4:00 Uhr trafen sich diese Männer zum Gebet. Als Jack erfuhr, daß sie für ihn beteten, war er beleidigt. Schließlich gehörte er zum Klerus der Kirche, und sie waren nur unwissende Eingeborene.

Eines Tages beschloß Jack, den Anführer zu sich zu rufen, um ihm gehörig den Marsch zu blasen. Der saß ganz still da, als ein Schwall von Zurechtweisung und Demütigungen auf ihn niederging. Alles, was er am Schluß sagte, war: „Aber du brauchst wirklich Hilfe." Der Pastor wurde noch zorniger als vorher.

Dennoch, als die wahren Erretteten weiter für ihn beteten, begann Gott im Leben des Pastors zu wirken. Er wurde sich langsam klar darüber, wie weit er sich vom rechten Glauben entfernt hatte. Schließlich war er überzeugt, daß er zum Bischof gehen und bekennen müsse, daß seine Lehre, auch wenn sie der Kirche akzeptabel erschien, im Licht der Schrift entgegen der Wahrheit war.

Der Bischof war zutiefst enttäuscht über Jacks evangelikale Einstellung. Er begrub sein Gesicht in seinen Händen und sagte: „O Jack, jetzt kannst du niemals Bischof werden." Darauf antwortete Jack: „Gepriesen sei der Herr!"

DIE NOT DES ZERBROCHENWERDENS

Als der Heilige Geist weiter in Jack wirkte, fühlte Jack sich genötigt, zu dem Führer der Wiedergeborenen zu gehen und sich zu entschuldigen. Wie erniedrigend! – er, der Geistliche einer anerkannten Kirche, sollte sich bei einem schwarzen Studenten entschuldigen. Er wehrte sich gegen diese Vorstellung, aber der Druck wuchs. Er kämpfte gegen diesen Stachel. Aber er fand nicht eher Frieden, bis er sich entschlossen hatte zu gehen. Völlig gebrochen stieg er in sein Auto, fuhr los und wiederholte für sich immer seine kurze Entschuldigungsrede.

Als er die Tür erreicht hatte, erschien der Führer der Wiedergeborenen und sagte: „Halleluja!" Er wußte, daß seine Gebete erhört worden waren. Es war das allererste Mal, daß Jack einen schwarzen Mann umarmte – das erste Mal, daß er es wirklich wollte.

Die Erretteten fragten ihn nun, ob Jack sich nicht morgens um 4:00 Uhr mit ihnen zum Gebet treffen wollte. Das war jetzt aber wirklich unter seinem Niveau als Geistlicher. Er stieß einen Schwall von Entschuldigungen heraus. Sie hörten ihm geduldig zu und fragten ihn dann: „Würdest du es eine Woche lang versuchen?" Hilflos, sich ihnen weiter zu widersetzen, stimmte er zu. Schon bald erlebte er eine geistliche Freude im Gebet, die er niemals zuvor gekannt hatte.

Als die Verwaltung davon erfuhr, daß eine ihrer Lehrkräfte sich morgens um 4:00 Uhr mit den Studenten zum Gebet traf, hielt sie dies als unterminierend in bezug auf die höheren Interessen des Seminars. Sie beschlossen, Pastor Jack an eine andere Schule zu versetzen und Treffen vor 7:00 Uhr auf dem Schulgelände zu verbieten.

Die Wiedergeborenen brachten die Angelegenheit vor den Herrn und entschieden, daß sie Gott mehr gehorchen sollten als den Menschen. Da sie fortfuhren, sich zum Gebet zu treffen, wurden sie wenige Wochen vor der Prüfung vom Seminar ausgeschlossen. Sie waren zerbrochen, aber nicht bitter. Sie nahmen es geduldig auf ohne jede Gegenbeschuldigung. Sie fühlten jedoch, daß Bruder Jack immer noch bittere Gefühle gegen den Bischof hegte. Also gingen sie zu ihm und schlugen ihm vor, daß er dem Bischof seine feste Haltung bekennen sollte. Diesmal zögerte Jack nicht. Er ging sofort zum Bischof und klärte die ganze Angelegenheit. Er erlebte immer neue Erwekkungen in seinem Leben.

TRIFF IHN IM HERZEN

Das Zerbrochensein ist unter allen Elementen der Heiligkeit eins der wichtigsten und einflußreichsten. Wenn wir von einem zerbrochenen Mann sprechen, so meinen wir einen Menschen, dessen Wille sich unter den Willen Gottes gebeugt hat. Er ist sanftmütig und zuvorkommend in widrigen Umständen und bei nervenden Leuten. Schlägt man ihm auf die eine Wange, so hält er auch noch die andere hin. E. Stanley Jones sagte einmal:

„Hältst du auch deine andere Wange hin, entwaffnest du den Gegner. Er schlägt dich auf die Wange und du, aufgrund deiner moralischen Kühnheit, bietest ihm die andere Wange an und triffst ihn dadurch in seinem Herzen. Seine Feindschaft ist aufgelöst, und du besitzt einen Feind weniger. Du wurdest deinen Feind los, indem du deine Feindschaft los wurdest ... Die Welt liegt zu den Füßen des Mannes, der die Macht hatte, zurückzuschlagen, der aber auch die Macht hatte, nicht zurückzuschlagen. Das ist Macht – äußerste Macht."

Die Bereitschaft zu zerbrechen, ist ein schöner Charakterzug. Er widersteht dem natürlichen Impuls der Vergeltung, sich selbst zu verteidigen oder sich zu beklagen. Gott sucht nach zerbrochenen Gefäßen.

Krüge für die Lampen Gottes!
Horch, der Ruf ist weit ergangen.
Nicht die Schönheit der Machart –
die Bereitschaft zu zerbrechen,
kennzeichnet die Gefäße des Herrn.

Eines Tages kam ein Gemeindemitglied in das Büro von Dr. Alexander Whyte und brachte die letzten Neuigkeiten. Es schien, daß ein Gastprediger öffentlich behauptet hätte, daß einer von Dr. Whytes Kollegen kein Christ sei.

Entrüstung flammte auf bei Dr. Whyte. Er war zornig, daß einem treuen Diener des Herrn eine solche Schuld aufgelastet wurde. Mit wohlgewählten Worten drückte er seine Wut gegenüber diesem Mann aus, der sich dieser Sünde schuldig gemacht hatte.

„Das ist aber noch nicht alles", sagte das Gemeindemitglied. „Er hat sogar behauptet, daß auch Sie kein wahrer Gläubiger seien." Daraufhin sackte Dr. Whyte zusammen und sagte dann: „Lassen Sie mich bitte allein, damit ich mein Herz vor dem Herrn prüfen kann."

Sich zu beugen ist eine Lektion, die viele nur sehr schwer lernen. Eines abends war ich bei zwei älteren angesehenen Dienern des Herrn zu Besuch. Ich weiß nicht mehr, wie wir auf dieses Thema kamen, aber sie fingen an, die Bibelschule zu kritisieren, deren Direktor ich war. Ich fühlte, wie es heiß in mir hochstieg. Ich kam mir vor, wie eine Mutter, zu der jemand sagte: „Meine Güte, was für ein häßliches Baby." Meine Gefühle brachen aus mir heraus wie ein Wasserfall und sie bekamen sie zu spüren. Ich hatte sie beide in der Zange. Auf dem Heimweg gratulierte ich mir selbst, daß ich so tapfer die Sache der Gerechtigkeit verteidigt hatte.

Einige Monate später reiste ich nach Iowa zu einigen Treffen. Der Geist Gottes kam über mich mit brennender Gewißheit. Es war, als sagte Er zu mir: „Da bist du, MacDonald, du gehst hin und erzählst anderen Menschen, wie sie ein christliches Leben leben sollen. Aber denke doch nur daran, wie du mit meinen beiden Dienern geredet hast. Du hast es noch immer nicht in Ordnung gebracht." Bevor ich an diesem Wochenende predigen konnte, schrieb ich erst einen Brief an die beiden Männer, in dem ich mich für mein Verhalten entschuldigte.

ZERBROCHENSEIN FESTIGT EINE FREUNDSCHAFT

War das das Ende einer Freundschaft? Nein, es war der Anfang einer Verbindung, die von da an tiefer war als je zuvor. Sie bedankten sich in einem Brief und versicherten mir, daß sie mir vergeben und tiefstes Interesse an meiner Arbeit hätten und im Gebet an mich denken würden. Gottes Wege sind die besten Wege; Er weiß, daß Zerbrochensein eine Festigung von Freundschaften bedeutet, wogegen Stolz sie zerstört.

Ihr denkt jetzt sicher, ich hätte gelernt, mich zu beherrschen, aber nein! Eines morgens bereitete ich mich auf eine Beerdigung vor, als das Telefon klingelte. Es war ein Prediger aus England, der gerade in der Gegend war. Ich wußte zufällig, daß er eine Ansicht über das Kommen des Herrn vertrat, die ich als äußerst unschriftgemäß betrachtete. Schließlich kamen wir auch auf das Thema Prophetie, und ich machte meinen Gefühlen in sehr erhitzter Manier Luft. Ich bin sicher, die Telefondrähte wurden recht heiß dabei. Nebenbei bemerkt war das natürlich eine sehr armselige Vorbereitung auf die Beerdigung. Wir stritten uns eine ganze Weile und stellten nachher fest, daß wir beide überzeugter von unseren Standpunkten waren als zuvor.

Ein Jahr später befand ich mich in London. Und wieder hatte ich einen höchst unerwünschten Besuch vom Herrn. Ich ging eine Straße hinunter, die ganz in der Nähe der Wohnung des betreffenden Predigers lag. Ich sehe immer noch die Telefonzelle vor mir. „Da ist sie, Bill. Meinst du nicht, du solltest den Bruder anrufen und dich für deine rüde Art entschuldigen?"

„Aber Herr, ich denke immer noch, daß ich im Recht war. Ich habe die Wahrheit verteidigt, was Deine bevorstehende Wiederkehr betrifft."

„Darum geht es jetzt nicht. Hier geht es nicht so sehr um eine Sache der Wahrheit, sondern vielmehr der Haltung."

Ich ging in die Zelle und wählte die Nummer (in der Hoffnung, daß niemand abheben würde). Aber er war da, und er nahm auch direkt ab. Ich erklärte ihm, warum ich ihn anrief. Es war ein Schlag für meinen Stolz und zwar ein solcher Schlag, daß sich mein Stolz nie wieder davon erholte. Er nahm meine Entschuldigung liebenswürdig an und lud mich für den nächsten Tag zum Mittagessen in ein nahegelegenes Restaurant ein. Später wurde ich eingeladen, in der Gemeinde zu sprechen, die er besuchte.

Vielleicht fragt jemand: „Nehmen wir an, ich bin nicht zerbrochen? Was kann ich dann machen?" Ich würde vier Schritte vorschlagen.

SCHRITTE ZUM ZERBROCHENSEIN

Zunächst einmal sollten wir beten: „Zerbrich mich, Herr!" Du mußt anerkennen, daß du, wie alle anderen Christen auch, verändert werden mußt. Bitte den Herrn, daß Er diese Veränderung in deinem Leben bewirkt. Aber berechne auch die Kosten. Der Prozeß des Zerbrochenwerden ist sehr schmerzhaft.

Überprüfe des weiteren alle Vergehen, die du in der Vergangenheit begangen hast und die noch nicht in Ordnung gebracht worden sind, beispielsweise unfreundliche Worte, für die man sich entschuldigen sollte oder Momente, in denen du eher fleischlich gehandelt hast als im Geist.

Dann bekenne es Gott und der Person oder den Personen, die dadurch gekränkt wurden. Manchmal ist es einfacher, Gott alles zu bekennen als den Menschen. Aber beiße in den sauren Apfel. Erledige alles, was erledigt werden muß, damit der Heilige Geist, der uns führen will, nicht betrübt ist.

Sei offen genug, deine Erfahrungen mit anderen zu teilen. Es bringt vielleicht nichts für dein eigenes Ich, aber möglicherweise ermutigt es die anderen, dieselbe segensreiche Erfahrung zu machen, die man durch den Zerbruch, erlebt.

Gott liebt zerbrochene Gegenstände und zerbrochene Menschen. Vance Havner schrieb: „Ein gepflügter Erdboden bringt die Ernte hervor, zerrissene Wolken schenken Regen, gemahlene Körner Kraft. Die zerbrochene Alabasterflasche verbreitet angenehmen Geruch. Es war Jakob, der vom Jabbok gehumpelt kam, der Macht hatte bei Gott und den Menschen. Es war Petrus, der bitterlich weinte und größere Kraft erhielt, als je zuvor.“

TÖPFE, PILLEN UND PULVER

Steve war ein glücklich verheirateter junger Geschäftsmann, der auf einer Party eines Freundes zum ersten Mal mit Kokain in Kontakt kam. Schon bald danach begann er, für den sensationellen, kurzlebigen Rausch von Macht und Vergnügen zu leben, den ihm die Drogen bereiteten. Seine 100 Dollar-pro Tag-Gewohnheit verschlang sein Familienleben schon lange bevor es endgültig auseinanderbrach. Seine Geschichte endete wie die von vielen anderen. Konflikte, Bankrott und Scheidung. Selbst seine Freunde, die ihn auf die Drogen gestoßen hatten, verließen ihn.

Niemand bestreitet, daß es Vergnügungen gibt, die mit Drogen verbunden sind. Auch die Bibel gibt zu, daß die Welt Vergnügen anbietet, aber sie spricht von ihnen als „die zeitliche Ergötzung der Sünde" (Hebr. 11,25). Es sind Freuden, aber sie halten nicht lange an. Und der Preis, den der Mensch bezahlen muß, um in ihren Genuß zu kommen, ist viel zu hoch.

Welche Haltung sollte der Gläubige der Drogenszene gegenüber einnehmen mit ihren Amphetaminen, Barbituraten, Heroin, Kokain, PCP, Opium, Marihuana, LSD, Peyote, Lachgas und Drogen auf Rezept wie Kodeine, Darvon und Percodan? Sagt die Bibel irgend etwas über sie?

Als Paulus in Galater 5,19-21 die Taten des Fleisches aufzählt, schließt er dabei auch das Wort „Zauberei" (V. 20) ein. In der Originalsprache des Neuen Testamentes steht hier das Wort „pharmakia", was soviel bedeutet wie Gebrauch von Drogen, Zaubertränken, Beschwörungen oder Zaubereien. Es erinnert daran, daß Drogen in der magischen Kunst verwendet wurden, die ein Teil der Welt der Dämonen ist. Natürlich gibt es auch einen zulässigen Gebrauch von Drogen, wenn er vom Arzt verordnet ist, aber die Bibel spricht von dem Gebrauch durch Hexendoktoren, spiritistische Medien und andere, die in Spiritismus verwickelt sind.

DIE BENUTZER SIND DIE VERLIERER

Wir wissen, daß die sinneserweiternden Drogen den Benutzer in den Bereich des Transzendentalen versetzen, die den Dämonen den Zutritt in sein Leben ermöglichen. Einige ehemals Abhängige bestätigen, daß es unmöglich ist, von harten Drogen abhängig zu sein, ohne gleichzeitig von Dämonen beherrscht zu werden.

Ein Dämon zielt immer auf Zerstörung ab (Mark. 9,22; Joh. 10,10a). Von dieser Regel gibt es keine Ausnahme. Er versucht entweder den Abhängigen oder ein anderes Opfer zu zerstören. Das erklärt viele sinnlose, brutale Verbrechen, von denen wir heute ständig hören. Es ist sehr wichtig, diese Verbindung zwischen Drogen, Dämonen und Zerstörung zu erkennen und zu vermeiden, darin verwickelt zu werden.

Es gibt natürlich noch andere Gründe, warum sich ein Christ von schädlichen Chemikalien fernhalten sollte. Sie führen zur Abhängigkeit, und ein Christ darf niemals Sklave einer fleischlichen Gewohnheit werden (Röm. 6,16-23). Drogen sind sehr teuer, und um sich diese Gewohnheit leisten zu können, werden viele Menschen zu Dieben und Gewalttätern und Frauen zu Prostituierten. Infektionen durch Nadeln, starke Gewichtsabnahme, Schäden des Immunsystems sind nur einige der körperlichen Konsequenzen. Der geistige Schaden ist nie wieder gutzumachen. Abhängige werden zu Zombies, Verrückten und Selbstmördern. Hinzu kommt, daß der Gebrauch von Drogen illegal ist. Gesetzesbrecher bringen sich in die Gefahr von Verhaftungen, Verhandlungen, hohen Gerichtskosten und im Fall des Überführtwerdens in die Gefahr von Gefängnisstrafen. Außerdem besteht immer die Gefahr der Überdosis, der oftmals Friedhof oder Krematorium folgen.

Ein Christ sollte niemals diese schädlichen Chemikalien gebrauchen, da sein Körper der Tempel des Heiligen Geistes ist (1. Kor. 6,19). Er sollte auch nicht zum Dealer werden, da andere dadurch geschädigt werden und er ein völlig falsches Bild von dem Verhalten eines Christen abgibt. Unsere Aufgabe ist es, Menschen für Christus zu gewinnen, nicht für die Drogenabhängigkeit.

Oben erwähnten wir bereits den Zusammenhang zwischen Drogen und Dämonen. Der Gläubige sollte weitere Dinge, die mit Dämonischem verbunden sind, vermeiden: Tarotkarten, Astrologie,

Schwarze Magie, weiße Magie, Yoga, Wahrsagerei, Buchstabenbretter (Ouija-Bretter) für spiritistische Sitzungen, Kristallkugeln, Hellseher, Handlinienleser, Sâncen und Unterhaltungen mit den Toten (siehe 5. Mo. 18,9-14).

ALKOHOL

Ein bekehrter Trinker antwortete auf die Frage: „Glaubst du, daß Jesus Wasser in Wein verwandelte?“: „Ja, ich habe gesehen, wie Er Whisky in Lebensmittel umwandelte, Spielkarten in Möbel und eine Frau mit gebrochenem Herzen in eine strahlende Christin. Mir macht es keine Schwierigkeiten zu glauben, daß Er Wasser in Wein umwandelte.“

Die verbreitetste Form des Drogenmißbrauchs ist der Alkoholkonsum. Wie auch die anderen schon behandelten Drogen ist er eine Form der Flucht vor der Wirklichkeit. Er sorgt für kurzfristige Hochgefühle, einer Möglichkeit, Probleme einen Moment lang zu vergessen. Er befreit von Spannungen. Aber genau wie die anderen Drogen hat er eine demoralisierende, entmenschlichende und zerstörende Wirkung.

Diejenigen, die sich als Christen bekennen, müssen die biblische Ansicht zum Thema „alkoholische Getränke“ übernehmen. Gottes ursprüngliche Absicht war, daß der Wein die Menschen erfreuen sollte (Ps. 104,15a). Er warnt jedoch auch vor übermässigem Genuß, der in der Unfähigkeit, eigene Entscheidungen zu treffen, endet (Spr. 31,4.5; Hos. 4,11). Er befürwortet Wein in Fällen, wo Wasser den Magen durcheinander bringt (1. Tim. 5:23) und empfiehlt ihn zum medizinischen Gebrauch bei Sterbenden (Spr. 31,6.7).

Die Gefahr besteht jedoch trotzdem, daß die Menschen das gottgegebene Geschenk mißbrauchen und zu Alkoholikern werden. Gott warnt den Gläubigen eindringlich vor übermäßigem Genuß (Röm. 13,13). Er stellt ganz klar fest, daß kein Trinker das Königreich Gottes erben wird (1. Kor. 6,10). Auch wenn ein Mensch bekennen mag, ein Gläubiger zu sein, so beweist er die Falschheit seines Bekenntnisses, wenn er ein Säufer ist. Bei Mißbrauch gilt: „Der Wein ist ein Spötter, starkes Getränk ein Lärmer; und jeder, der davon taumelt, wird nicht weise“ (Spr. 20,1). In Kulturkreisen wie den unseren, wo das Trinken anderen ein Anstoß sein kann, sollten die Gläubigen totale Abstinenz praktizieren, d. h. sich aller alkoholischen Getränke enthalten (Röm. 14,21).

Außerdem sollten Gläubige den Wein nicht als Krücke benötigen. Der Apostel Paulus rät vielmehr, mit dem Heiligen Geist erfüllt zu sein , wie es bei einem Kind Gottes der Fall sein sollte, anstatt vom Wein (Eph. 5,18).

KRANKHEIT ODER SÜNDE

Laßt euch nicht von dem modernen Märchen täuschen, daß Alkoholismus eher eine Krankheit als eine Sünde sei. Die Bibel nennt es Sünde und sagt, daß kein Trinker das Königreich Gottes erben wird (1. Kor. 6,10). Der Mensch ist moralisch verantwortlich für sein Verhalten, und er kann sich dieser Verantwortung nicht entziehen, indem er die Sünde in Krankheit umbenennt.

Vor einigen Jahren veröffentlichte das National Voice Magazin folgende parodistische Darstellung des Alkoholismus als Krankheit:

> „Es ist die einzige Krankheit, die man sich durch einen Willensakt zuzieht.
>
> Es ist die einzige Krankheit, die eine Lizenz erfordert, um sich zu verbreiten.
>
> Es ist die einzige Krankheit, die in Flaschen abgefüllt ist und verkauft wird.
>
> Es ist die einzige Krankheit, die ein Absatzgebiet benötigt, um sich zu verbreiten.
>
> Es ist die einzige Krankheit, die ein Einkommen für die Regierung darstellt.
>
> Es ist die einzige Krankheit, die Verbrechen hervorruft.
>
> Es ist die einzige Krankheit, die zu einer Gewohnheit wird.

Es ist die einzige Krankheit, die sich durch Werbung verbreitet.

Es ist die einzige Krankheit, die weder durch einen Krankheitserreger noch durch einen Virus hervorgerufen wird und für die es keine heilende menschliche Medizin gibt.

Es ist die einzige Krankheit, die den Patienten vom Himmel ausschließt.

Es ist die einzige Krankheit, die als Weihnachtsgeschenk verschenkt wird."

Trinken ist eine Suchtgewohnheit. Kein Gläubiger sollte es zulassen, sich von irgend etwas oder irgend jemand anderem versklaven zu lassen als vom Herrn Selbst (1. Kor. 9,26.27).

Es ist eine sehr kostspielige Gewohnheit, und verschlingt häufig Geld, das man eher für die Familie oder persönliche Bedürfnisse ausgeben sollte. Salomo sagt, daß jeder, der (übermäßig) Wein liebt, niemals reich wird (Spr. 21,17). Und der Prophet Joel beschreibt einen süchtigen Mann als jemanden, der eine Frau verkaufen würde, um Wein zu erwerben (Joel 3,3).

Die gesundheitlichen Auswirkungen des Alkohols auf den Menschen sind bekannt – Leberzirrhose, Nierenbeschwerden, Herzleiden, Gehirnschäden. Die durchschnittliche Lebensdauer eines Alkoholikers in den USA beträgt 51 Jahre, viel kürzer als die durchschnittliche Lebenserwartung eines Gesunden. Alkoholismus während einer Schwangerschaft wirkt sich schädlich auf das Ungeborene aus. Jemand sagte einmal: „Gott vergibt uns unsere Sünden, aber unser Körper nie."

Hinzu kommen die versäumten Arbeitsstunden, die ständige Unfähigkeit, einen Job zu behalten, die Verwüstungen, die der Alkoholismus in einer Familie anrichtet, die vielen Toten, die durch Trunkenheit am Steuer sterben müssen, die Selbstmorde, und die Morde, die unter Alkoholeinfluß begangen werden.

Letzte Statistiken zeigen, daß mehr als 80 % der Inhaftierten ihre Verbrechen unter Drogen– oder Alkoholeinfluß begangen haben. Es endet immer schlimm.

Salomo gibt in Sprüche 23,29-35 die klassische Beschreibung eines Trinkers:

„Wer hat Ach, wer hat Weh, wer Zänkereien, wer Klage, wer Wunden ohne Ursache? wer Trübung der Augen? Die spät beim Weine sitzen, die einkehren, um Mischtrank zu kosten. Sieh den Wein nicht an, wenn er sich rot zeigt, wenn er im Becher blinkt, leicht hinuntergleitet. Sein Ende ist, daß er beißt wie eine Schlange und sticht wie ein Basilisk. Deine Augen werden Seltsames sehen, und dein Herz wird verkehrte Dinge reden. Und du wirst sein wie einer, der im Herzen des Meeres liegt, und wie einer, der da liegt auf der Spitze eines Mastes. 'Man hat mich geschlagen, es schmerzte mich nicht; man hat mich geprügelt, ich fühlte es nicht. Wann werde ich aufwachen? Ich will es wieder tun, will ihn abermals aufsuchen.'"

DIE SICHERSTE SICHERHEIT

Der einzige Weg, auf dem ein Christ sichergehen kann, nicht zum Alkoholiker zu werden, ist die totale Abstinenz von Alkohol. Dann kann auch kein anderer Gläubiger einen Anstoß an unserem Verhalten finden. Das ist eine sehr wichtige Überlegung für uns alle. Sieht ein Gläubiger, der noch schwach im Glauben ist, wie wir Alkohol trinken, so mag er daraus schließen, daß, wenn wir das tun können, er es auch kann, so daß er dadurch vielleicht einmal zum Alkoholiker wird. Sollte dies der Fall sein, dann sind wir moralisch verantwortlich, da wir ihm ein schlechtes Vorbild waren. Darum sagte Paulus: „Es ist gut, kein Fleisch zu essen, noch Wein zu trinken, noch etwas zu tun, worin dein Bruder sich stößt oder sich ärgert oder schwach ist" (Röm. 14,21). Darum sagte er auch in 1. Korinther 8,13 : „Darum, wenn eine Speise meinem Bruder ein Ärgernis ist, so will ich für immer kein Fleisch essen, damit ich meinem Bruder kein Ärgernis gebe." Es ist schlimmer, Menschen zu Alkoholikern zu machen, als selbst einer zu sein – und Gott weiß, daß es schlimm genug ist, selbst einer zu sein.

EIN SIEG IST MÖGLICH

Mel Trotter war ein Trinker. Um dem Kater, der dem kurzzeitigen Hochgefühl folgte, zu entgehen, war er ständig betrunken. Als eines

Tages sein Baby starb, sehnte er sich nach einem Drink, war jedoch pleite. Er ging an den Sarg, nahm die Schuhe des Babys und versetzte sie für einen Drink. Als er die Erbärmlichkeit seiner Tat begriff, ging er in Richtung See, um allem ein Ende zu bereiten. Auf seinem Weg dahin kam er an einer Obdachlosenmission vorbei. Er ging hinein und hörte eine Evangeliumsverkündigung. Er wurde auf wunderbare Weise errettet. Sein Leben änderte sich völlig. Er war kein Alkoholiker mehr und verbrachte den Rest seines Lebens damit, Obdachlosen das Evangelium zu verkündigen. Er war der lebende Beweis dafür, daß Alkoholismus besiegt werden kann durch die Kraft des Heiligen Geistes. Er widerlegte die Behauptung, daß ein Alkoholiker niemals restlos von dem Verlangen nach Alkohol frei werden kann. Eine solche Behauptung läßt die Kraft des Geistes außer acht, Befreiung zu schenken.

Nachdem sich ein weiterer Trinker bekehrt hatte, bat er um die Taufe, um den Tod seiner alten Lebensweise auszudrücken und den Entschluß, in Neuheit des Lebens zu wandeln. Später, als der Hausmeister das Wasser aus dem Taufbecken ließ, fand er am Boden eine Flasche Whisky. Das war der Weg eines getauften Gläubigen, ein Kapitel in seinem Leben zeichenhaft zu beenden.

Jeder Gläubige, der Probleme mit dem Alkohol hat, sollte folgende einfache Regeln beachten:

1. Schütte jeden Rest Alkohol weg, den du noch hast. Das wird die Aufrichtigkeit deines Wunsches nach Befreiung testen.

2. Schreie Gott um Hilfe an, daß du dich jeder Flasche fern halten kannst. Bete: „Und führe uns nicht in Versuchung, sondern befreie uns von dem Bösen."

3. Widerstehe jeder Versuchung, nachzugeben – selbst, wenn es nur ein kleiner Schluck ist (Spr. 1,10). Du kannst es schaffen, wenn du Gott um Hilfe bittest (Spr. 18,10). Jeder kleine Sieg hilft dir, auch die nächste Versuchung zu überstehen (1. Kor. 10,13).

4. Bekenne Gott augenblicklich jedes Versagen (1. Joh. 1,9). Es ist oft auch sehr hilfreich, dies einem geistlichen, verständigen Christen mitzuteilen, der dir auch im Gebet bei steht.

5. Vermeide Menschen und Plätze, die die alte Versuchung zurückbringen können (Röm. 13,14).

6. Wenn möglich, lege vor einem anderen, reiferen Gläubigen, Rechenschaft ab, der für dich in den Schwierigkeiten beten wird und dir zu jeder Zeit ein Freund ist (Spr. 17,17).

Ist es dir wirklich ernst damit, dann wird Gott dir auch die nötige Kraft zum Überwinden schenken. Aber du mußt es wirklich ernst meinen.

WIE STEHT ES MIT GLÜCKSSPIELEN?

„Vielleicht haben Sie schon 100.000 DM gewonnen. Ihre glückbringenden Lotto-Zahlen sind beigefügt. Schicken Sie sie an uns zurück, mit Ihrer Unterschrift gehören Sie mit zu den Gewinnern."

Ständig werden wir mit Aufforderungen wie diesen zu irgendeiner Art des Glückspiels eingeladen. Selbst in den Supermärkten werden uns Lottoscheine angeboten. Wenn wir an die ständig steigenden Preise der eben gekauften Waren denken, dann ist die Aussicht, vielleicht 1000 DM oder mehr zu gewinnen, nicht unbedingt abstoßend.

Wieder zu Hause, lesen wir von einem Arbeiter, der eine Viertelmillion in der Lotterie gewonnen hat. Für einen relativ geringen Einsatz, gewinnt er eine Viertelmillion DM! Wir denken: „Was ich nicht alles mit eine Viertelmillion anfangen könnte!"

An der Haustür schellt es! Ein hübsches kleines Mädchen will dir ein Los für die Tombola an ihrer Schule verkaufen. Es fällt schwer, abzulehnen! So ein süßes Kind! Und für eine wohltätige Sache!

DER REIZ DES SCHNELLEN GELDES

Unsere Gesellschaft bietet uns alle möglichen Gelegenheiten, „schnell reich zu werden" oder „eine schnelle Mark zu machen" oder sonst irgendwie sein Glück im Spiel zu versuchen. Es gibt Pferde– und Hunderennen. Es gibt das große Spielvergnügen in den Casinos mit ihren Roulettetischen und den Einarmigen Banditen. Es gibt nationale und staatliche Lotterien. Es gibt das allgegenwärtige Lotto . Bei Fußballspielen sowie bei Boxkämpfen werden Wetten angenommen. Man kann Blackjack oder Poker spielen. Will man etwas kultivierter spielen, kann man an der Börse spekulieren. Das soll nicht heißen, daß alle Börsentransaktionen Spielerei sind; das sind sie sicherlich nicht. Es kann sich um sehr dauerhafte Investitionen handeln. Das hängt von der Absicht des Käufers und der Art der Aktie ab.

Der Reiz des Spielens liegt in dem möglichen Ertrag, der den Einsatz weit übersteigt. 1975 wettete ein Brasilianer namens Miron de Souza umgerechnet 70 Pfennige bei einem Fußballtoto und gewann 2.451.549 Dollar. Das war der höchste Spielgewinn in der Geschichte bis zu diesem Augenblick.

Ein Jahr darauf gewann ein 26-jähriger Mann aus New Jersey in der staatlichen Lotterie. Ihm standen von da an wöchentlich 1776 Dollar für den Rest seines Lebens zu. Sollte er 76 Jahre alt werden, so hätte er insgesamt 4,6 Millionen Dollar gewonnen.

Seitdem sind die Lotteriegewinne in den Himmel gewachsen. Und je höher sie werden, desto größer wird der Reiz zum Spielen.

ANSICHTEN DES WORTES GOTTES

Was sagt die Bibel zu diesen Dingen? Ist Spielen eine legitime Aktivität eines Menschen, der den Namen Christi trägt? Obwohl die Bibel nicht ausdrücklich sagt: „Du sollst nicht spielen“, sagt das zehnte Gebot dennoch: „Du sollst nicht begehren“ (2. Mo. 20,17). Spielen ist eine Art Begierde. Es ist der Ausdruck eines unmäßigen Verlangens nach Reichtum und einer Unzufriedenheit mit dem, was Gott für mich vorgesehen hat. Es bedeutet, daß ich mich auf Kosten anderer bereichern möchte, wenn es irgendwie möglich ist. Es heißt allerdings auch, daß ich eher auf Glück und Zufall vertraue als auf meinen himmlischen Vater.

Alle biblischen Warnungen vor Begierden können daher auf das Spielen angewendet werden. In Lukas 12,15 lesen wir z. B.: „Sehet zu, und hütet euch vor aller Habsucht, denn nicht, weil jemand Überfluß hat, besteht sein Leben von seiner Habe.“ Das Leben eines Gläubigen sollte frei von Geldliebe sein; er sollte mit dem zufrieden sein, was er besitzt (Hebr. 13,5). Begierde ist Götzendienst (Kol. 3,5); wie wir es oben schon erwähnten, entthront es Gott in unserer Seele und ersetzt Ihn durch das Verlangen nach mehr. Begierde ist verbunden mit Unmoral, Trinkerei und Betrügerei, wofür jemand aus der Gemeinde ausgeschlossen werden kann (1. Kor. 5,11). Es ist sogar von einem solch großen bösen Ausmaß, daß ein Mensch auf immer vom Reich Gottes ausgeschlossen sein wird (1. Kor. 6,10).

Die Bibel sagt auch: „Vermögen, das auf nichtige Weise erworben ist, vermindert sich; wer aber allmählich sammelt, vermehrt es“ (Spr. 13,11). Während ehrliche Arbeit kreativ und produktiv ist, kann man das vom Spielen nicht behaupten. Das „Nehmen“ im Spiel ist eine Art des „Wegnehmens“.

Die Bibel sagt: „Ein scheelsehender Mann hascht nach Reichtum, und er erkennt nicht, daß Mangel über ihn kommen wird“ (Spr. 28,22). Das Motiv im Spiel ist die Gier. Da Gier unrein und sündig ist, muß sie von Gott verflucht werden. In diesem Fall ist der Fluch Gottes die Armut.

Die Bibel sagt: „Ein Rebhuhn, das Eier brütet, die es nicht gelegt hat, so ist, wer Reichtum erwirbt und nicht mit Recht: in der Hälfte seiner Tage wird er ihn verlassen, und an seinem Ende wird er ein Tor sein“ (Jer. 17,11). Das im Spiel gewonnene Geld liefert keine bleibende Zufriedenheit; es sorgt eher für eine Reihe von Problemen.

Nachdem Paulus Timotheus daran erinnert hatte, daß ein Gläubiger sich mit Nahrung und Kleidung zufriedengeben sollte, warnte er davor, daß diejenigen, die reich werden wollen, „in Versuchungen und Fallstricke fallen, und in viele unvernünftige und schädliche Lüste, welche die Menschen versenken in Verderben und Untergang“ (1. Tim. 6,9).

Spielerei wird für Gläubige immer einen bösen Beigeschmack haben, wenn sie an die römischen Soldaten denken, die über das nahtlose Oberkleid des Herrn das Los warfen bei Seiner Kreuzigung (Joh. 19,23.24).

EIN VERLUSTGESCHÄFT

Wenn Menschen den Jackpot geknackt haben, wird ihr „großes Glück“ ziemlich angepriesen. Aber die Verluste beim Spielen werden erstaunlich selten erwähnt. Selten hören wir von Fällen wie dem des italienischen Geschäftsmannes, der 1974 1.920.000 Dollar am Roulettetisch in Monte Carlo verloren hat. Oder von dem arabischen Prinzen, der im selben Jahr in einem einzigen Spiel mehr als 1 Million Dollar in einer Spielhölle in Las Vegas verlor. Selten wird von den Milliarden berichtet, die die Durchschnittsbürger jedes Jahr verlieren, wenn sie ihre hartverdienten Löhne verwetten, wobei die Chancen gegen sie stehen. Mathematisch gesehen sind ihre Gewinnchancen erbärmlich klein. Der größte „Einarmige Bandit“ der Welt könnte z. B. für einen 10 Dollar Einsatz günstigstenfalls 1 Million Dollar auszahlen. Aber die Chancen dafür stehen 1:25.000.000.000.

Spielen kann leicht zur Sucht werden. Es ist nicht ungewöhnlich für einige Leute, wie angewurzelt vor den Apparaten zu stehen und Stunde um Stunde ihr Geld zu vergeuden. Sie handeln wie in einem Trancezustand. Sie denken vielleicht, je länger sie es versuchen, desto größer würden ihre Gewinnchancen oder desto eher könnten sie ihre Verluste wieder einspielen. Gelegentlich gewinnen sie eine Kleinigkeit – gerade genug, um sie zu neuen Verlusten anzuspornen. Kein Gläubiger sollte jemals unter die Macht des Spielens geraten. Paulus warnte die Korinther vor allem, was sie zu Sklaven machen könnte, selbst vor Dingen, die an sich legitim sind – und selbst dazu gehört das Spielen nicht (1. Kor. 6,12b).

Keiner kann die Armut und die Trauer ermessen, in die süchtige Spieler sich und ihre Familien bringen. Ihr Haus wird baufällig, das Geld für Nahrungsmittel geht aus, der Schuldenberg wächst, während sie ihr Geld unentwegt für den vergeblichen Versuch verschwenden, über Nacht reich zu werden.

Man beachte auch die Verbrechen, die begangen wurden, um die Verluste decken zu können. Diebstahl, Unterschlagung, Erpressung – eine Büchse der Pandora voller Übel, die zurückschlagen in einem verzweifelten Versuch, finanzielle Ehrbarkeit zurückzugewinnen. Hinzu kommen die schlechten Verbindungen, die oft mit dem Spielen verbunden sind. Beteiligung von Syndikaten oder Mafia im organisierten Spiel sind nur zu gut bekannt. Kann ein Christ eine Beteiligung an etwas rechtfertigen, das den Geruch der Hölle trägt?

Manchmal natürlich, kommt die Versuchung in einem sehr religiösen Gewand. Denke nur daran, was du mit dem Geld nicht alles im Werk des Herrn tun könntest! Es ist die alte Sophisterei, Böses zu tun, um Gutes zu erreichen. Eine fromme Frau kam eines Tages zu einem Prediger, um eine Sache zu verfechten, die sie für die größte Erfindung seit dem geschnittenen Brot hielt. Sie bat ihn, dafür zu beten, daß das Los, daß sie in der nationalen Lotterie gekauft hatte, ein Gewinn sei. Wenn er für sie beten und sie gewinnen würde, würde sie die Hälfte des Betrages der Kirche schenken. Der Prediger antwortete darauf: „Ich werde dafür beten, daß Sie ein neues Verständnis von Religion im allgemeinen und des Christentums im besonderen bekommen." Das Werk Gottes braucht kein Geld, das im Spiel gewonnen wurde, und Gott könnte es auch niemals segnen, da es unheiliges Geld ist.

Diejenigen, die versucht sind, zu spielen, sollten sich die Worte von Paulus zu Herzen nehmen: „Die Gottseligkeit aber mit Genügsamkeit ist ein großer Gewinn" (1. Tim. 6,6). Bist du gottesfürchtig und zufrieden, dann besitzt du etwas, was du mit Geld nicht kaufen kannst. Bist du gottesfürchtig, wirst du nicht spielen, und bist du zufrieden, wirst du weder das Bedürfnis noch den Wunsch danach haben.

Schließlich sollten die, die versucht sind zu spielen, die Worte Samuel Johnsons bedenken: „Die Lust nach Gold, gefühllos und unbarmherzig, ist die letzte Verfallserscheinung des degenerierten Menschen."

GEBURTENKONTROLLE

Gehört ein Kapitel über Geburtenkontrolle wirklich in ein Buch über christliche Heiligkeit? Da viele Gläubige merkten, daß auch ernste moralische und ethische Prinzipien damit verknüpft sind, haben sie darauf gedrängt, dieses Thema einzuschließen.

Die Seiten sind klar. Einige fühlen sehr stark, daß die Geburtenkontrolle gegen Gottes Willen für Sein Volk ist. Andere sind gleichermaßen davon überzeugt, daß es nicht eine Frage ist, die für alle gleich gelöst werden kann, sondern daß jeder Gläubige nach seiner eigenen Überzeugung handeln muß (Röm. 14,5).

KONTRA

Vielleicht ist es das Beste, die geläufigsten Argumente der Gegner und Befürworter zu ordnen. Zunächst einmal diejenigen gegen die Geburtenkontrolle.

In 1. Mose 1,28 sagt Gott: „Seid fruchtbar und mehret euch und füllet die Erde und machet sie euch untertan.“ Das ist niemals widerrufen worden.

> Antwort (von der anderen Seite): Das Gebot wurde zu Beginn der Schöpfung gegeben und noch einmal nach der Flut. Der Bedarf an Bevölkerung ist nicht mehr vorhanden.

> Große Familien sind Segenszeichen des Herrn.

> „Siehe, ein Erbteil des Herrn sind Söhne, eine Belohnung die Leibesfrucht; wie Pfeile in der Hand eines Helden, so sind die Söhne der Jugend: Glückselig der Mann, der mit ihnen seinen Köcher gefüllt hat! Sie werden nicht beschämt werden, wenn sie mit Feinden reden im Tor“ (Ps. 127,3-5).

„Deine Frau wird gleich einem fruchtbaren Weinstock sein im Innern deines Hauses, deine Söhne gleich ölbaumsprossen rings um deinen Tisch. Siehe, also wird gesegnet sein der Mann, der den Herrn fürchtet“ (Ps. 128,3.4).

Kinder aus großen Familien sind normalerweise abgerundete Persönlichkeiten, deren Kanten geschliffen sind, die es lernen, an andere zu denken und nicht so leicht verwöhnt werden.

Onan ist das biblische Beispiel eines Mannes, der Geburtenkontrolle praktizierte und dafür von Gott verdammt wurde (1. Mo. 38,1-11).

Antwort: Nein, eigentlich nicht. Onans Sünde war sein selbstsüchtiger Unwille, die Witwe seines Bruders zu heiraten, wie es der gesetzliche Brauch zu dieser Zeit vorschrieb.

Paulus schrieb an die Korinther:

„Entzieht euch einander nicht, es sei denn etwa nach Übereinkunft eine Zeitlang, auf daß ihr zum Beten Muße habt; und kommt wieder zusammen, auf daß der Satan euch nicht versuche wegen eurer Unenthaltsamkeit“ (1. Kor. 7,5).

Antwort: Das Thema ist hier der eheliche Akt, der mit oder ohne Verhütungsmitteln geschehen kann.

Frauen finden ihre eigentliche Erfüllung im Leben mit dem Gebären von Kindern. Und sie kann sich sicher sein, gerettet zu werden bei der Geburt, sofern sie vorher ihren richtigen Platz in der Gemeinde eingenommen hat (1. Tim. 2,15). Die Aufgabe, gottesfürchtige Kinder zu erziehen, ist eine ungeheuer wichtige. Gottes Wunsch für die Frauen ist es, Kinder zu bekommen und sie zu Seiner Verherrlichung zu erziehen (1. Tim. 5,14; Tit. 2,4).

Antwort: Aber was ist mit den Frauen, die niemals die Möglichkeit haben, zu heiraten und Kinder zu bekommen?

Es ist Gott, der den Leib einer Frau öffnet oder verschließt (1. Mo. 20,18; 29,31; 1. Sam. 1,6). und diese Autorität hat Er auch keinem Menschen übergeben. Du wirst vergeblich in der Bibel nach einer Stelle suchen, die die Geburtenkontrolle vorschlägt. Kein einziges Argument zugunsten der Geburtenkontrolle basiert auf der Bibel.

ARGUMENTE FÜR DIE GEBURTENKONTROLLE

Gehen wir zu den Argumenten für die Geburtenkontrolle über.

Das ist ein Gebiet, zu dem die Bibel kein klares Gebot gibt. Gott gibt einem verheirateten Paar die Freiheit, Seinen speziellen Willen für ihr Leben zu suchen.

Die Bevölkerungsexplosionen erfordern einige Kontrollmaßnahmen. Unzählige Menschen sterben täglich vor Hunger, und Millionen sind unterernährt. Wird der heutige Verlauf nicht beobachtet, so wird es eine weltweite Katastrophe geben.

> Antwort: Das Problem ist nicht die Nahrungsmittelversorgung, sondern die Gier, die die gerechte Verteilung verhindert und falsche Religionen, die das Essen von Fleisch und anderen Nahrungsmitteln verbieten.

Die Zahl der Kinder in einer Familie sollte dem finanziellen Status der Eltern angepaßt sein. Es ist nicht zu Ehre Christi, wenn wir mehr Kinder zeugen, als wir vernünftig versorgen können.

> Antwort: Gott ist fähig, eine große wie auch eine kleine Familie zu versorgen (s. Mt. 6,33; Phil. 4,19).

Eine große Familie ist in ländlichen Gebieten vielleicht wünschenswert, damit die Kinder auf dem Bauernhof helfen können. Aber bei Stadtbewohnern mit ihren kleinen Häusern und überfüllten Wohnungen ist es etwas anderes.

Die Fortpflanzung ist nicht das einzige Ziel einer Heirat. Gott wünscht Seinem Volk Freude in der Partnerschaft und das Erlangen von Einheit.

Ist die Gesundheit der Mutter gefährdet, so ist eine Geburtenkontrolle in Ordnung. Wenn es in diesem Fall geht, warum dann nicht auch in anderen?

Einige denken, es ist nicht sehr wünschenswert, Kinder in diese sündige, brutale und erbärmliche Welt zu setzen.

Antwort: Gottes Gnade gilt auch für Kindeskinder (Ps. 103,17).

Die Diskussion ist rein theoretisch. Es scheint, daß jeder auf die eine oder andere Weise Geburtenkontrolle betreibt, da wir nirgendwo mehr Familien von 17, 18 oder 19 Mitgliedern finden.

Antwort: Die Tatsache, daß „es jeder tut“ ist keine Rechtfertigung.

Dies sind also einige der Argumente für und wider die Geburtenkontrolle. Wie lautet nun letztendlich die Antwort? Die Antwort ist, daß ein Ehepaar diese Argumente in der Gegenwart Gottes abwägen muß, darüber beten soll, damit Er ihnen klar den Weg zeigt, den Er für sie bestimmt hat. Zugegebenerweise gibt es auf beiden Seiten gute Christen. Wann immer das zutrifft, so ist es am besten, nicht zu dogmatisch zu sein und nicht zu versuchen, anderen die eigene Meinung aufzuzwingen. Wir sollten zugeben, daß es auf beiden Seiten Argumente gibt und Andersdenkenden zugestehen, das zu tun, was ihrer Meinung nach im Licht des Herrn richtig ist.

POLITIK

Sollte sich ein Christ in der Politik engagieren?

Diejenigen, die ein Engagement befürworten, zitieren den bekannten Aphorismus: „Alles, was das Böse zum Triumph benötigt, ist ein guter Mensch, der nichts tut." Ist der Fall damit noch nicht erledigt, so zitieren sie Josef, Mose und Daniel als Beispiele von Gläubigen, die sich in einem politischen System engagierten.

Obwohl dieser Aphorismus überzeugend klingt, sollten wir daran denken, daß es eine Behauptung der menschlichen Weisheit ist und keine göttliche Offenbarung und damit nicht die gleiche Autorität für uns hat wie die Heilige Schrift. Was Josef und Daniel angeht, so bewarben sie sich nie um öffentliche Ämter, sondern dienten als Regierungsbeauftragte. Mose war eher ein Ärgernis für die Regierung als ein Teil von ihr.

DIE BIBLISCHE ANTWORT

Wenn wir in der Bibel nach einer Antwort suchen, was finden wir dann?

Jesus war nicht im politischen Leben engagiert. Wenn überhaupt, so fand Er sich eher in einer feindlichen Position zum System.

Auch die Jünger waren nicht in der Politik engagiert. Vernachlässigten sie damit Gottes Ziele, weil sie sich auf das Evangelium konzentrierten?

Der Apostel Paulus beteiligte sich auch nicht an der Politik. Treue gegenüber seiner Berufung und seiner Boschaft stellten ihn in einen Gegensatz zur Gesellschaftsgruppe der Pharisäer.

Jesus lehrte, daß Sein Reich nicht von dieser Erde sei (Joh. 18,36). Er sagte zu Seinen ungläubigen Brüdern: „Die Welt kann euch nicht hassen; mich aber haßt sie, weil ich von ihr zeuge, daß ihre Werke böse sind" (Joh. 7,7).

Der Apostel Johannes erinnert uns, daß „die ganze Welt in dem

Bösen liegt" (1. Joh. 5,19). Politik ist ein Teil des weltlichen Systems.

Wir müssen uns von der Welt absondern, damit wir sie beeinflussen können (2. Kor. 6,17). Archimedes sagte, daß er die Welt bewegen könne, fände er außerhalb einen Stützpunkt. Wir selbst müssen uns außerhalb des weltlichen Systems stellen, damit wir die Welt für Gott bewegen können.

Paulus betont: „niemand, der Kriegsdienste tut, verwickelt sich in die Beschäftigungen des Lebens" (2. Tim. 2,4). Alle Gläubigen sind (oder sollten) im aktiven Dienst tätig (sein). Sie sollten sich nicht davon abhalten lassen.

Politik ist korrupt. Es ist ein System der Kompromisse. Entscheidungen werden gewöhnlich auf der Basis der Zweckdienlichkeit getroffen und nicht nach dem Maßstab der Richtigkeit. Politik ist mehr menschlichen als göttlichen Prinzipien unterworfen. Michigans letzter Senator Vandenberg sagte: „Politik in ihrer eigentlichen Natur ist korrupt. Die Kirche sollte ihre wahre Aufgabe nicht vergessen, indem sie sich in menschliche Angelegenheiten einmischt, in denen sie eher eine traurige Figur abgibt ... Sie wird die Reinheit ihrer Anliegen verlieren, wenn sie sich in der Politik engagiert."

DAS BANANENPROJEKT

Gottes Lösung für die Probleme dieser Welt ist nicht politischer Art sondern geistlicher. Seine Antwort ist eher die Wiedergeburt als neugewählte Staatsmänner. Politik ist nicht mehr als ein Pflaster auf einer Krebserkrankung. Unser Marschbefehl lautet wie folgt: „Laßt die Toten ihre Toten begraben, du aber gehe hin und verkündige das Reich Gottes" (Luk. 9,60). Die Geschichte von den Bananenschalen bringt die ganze Angelegenheit in die richtige Perspektive.

> Ein Mann hatte einmal eine sehr wichtige Stellung im Verlagswesen inne. Er war für die Veröffentlichung von Tausenden von literarischen Werken verantwortlich. Eines Tages, als er auf dem Weg zur Arbeit war, kam er an einer bestimmten Kreuzung in der Stadt vorbei und sah eine Bananenschale auf dem Gehsteig. Er wußte natürlich, daß sie eine potentielle Gefahr war. Also nahm er sich die Zeit und schob sie in den Rinnstein, wo niemand mehr darauf

ausrutschen konnte. Aber dann dachte er an all die Bananenschalen, die an anderen Stellen auf den Gehsteigen dieser großen Stadt liegen konnten. Angenommen, es gab eine, die nicht in den Rinnstein geschoben worden war und jemand glitt darauf aus! Vielleicht sollte er sich die Zeit nehmen und alle Straßen der Stadt nach gefährlichen Bananenschalen absuchen. Sonst würde sich womöglich noch jemand ein Bein brechen! Vielen könnte eine Fahrt ins Krankenhaus erspart bleiben. Aber Moment mal – er hatte ja selbst Verantwortung. Er war eine wichtige Persönlichkeit im Verlagswesen. Seine Verantwortung war es, die Druckerpressen in Betrieb zu halten und Botschaften in alle Teile der Welt zu senden. Zögernd nahm er von seinem Bananenprojekt Abstand und wandte sich dem wichtigeren zu. Sollten die Straßenkehrer sich doch um die Bananenschalen kümmern. Das war ihre Aufgabe.

Wir wollen diese Geschichte nun einmal übertragen. Ein Christ trägt die größte Verantwortung in der Welt, d. h. er soll die frohe Botschaft des Herrn Jesus Christus verkünden. Das ist eine wichtige Aufgabe für einen Christen. Tut er es nicht, so wird es niemals getan. Darum sagt der Herr Jesus: „Trachtet aber zuerst nach dem Reich des Herrn und seiner Gerechtigkeit." Viele Menschen beschäftigen sich mit der Politik ..., aber Gott hat uns mit der segensreichen Aufgabe betreut, den zum Tode verurteilten Menschen das Evangelium zu verkünden. Andere Projekte mögen auch sehr nützlich sein, aber versagen wir in dem größten, so wird niemand unseren Platz ausfüllen.

In der heutigen Zeit ist es nicht Gottes Ziel, bessere Lebensbedingungen in dieser Welt zu schaffen, sondern Er erwählt sich ein Volk aus den Nationen für Seinen Namen (Apg. 15,14). Wir sollten mit Ihm an der Erfüllung dieses Zieles arbeiten. Jowett drückte es sehr passend aus: „Wir sind Gottes Partner bei der Erlösung der Welt. Dies ist unser Auftrag – die Menschen im Namen des Herrn zu einem königlichen Leben zu salben, zur Herrschaft über sich selbst und zum Dienst für das Königreich." Des weiteren beklagt er die Tragödie der Christen, die den Wert ihrer hohen Berufung nicht richtig einschätzen, die sich mit Nebensächlichem abgeben, die kriechen anstatt zu fliegen, die Sklaven sind und nicht Könige.

Die erste Bürgerschaft eines Christen ist die himmlische (Phil. 3,20). Er ist ein Pilger und ein Fremder in dieser Welt (1. Petr. 2,11). Obwohl er verantwortlich ist, der Regierung zu gehorchen und das Recht besitzt, die Gerichtsbarkeit in Anspruch zu nehmen, so ist er doch nicht gezwungen, ein Teil des Systems zu werden.

Nehme ich am politischen Leben teil, so gebe ich der Politik eine Stimme des Vertrauens in ihre Fähigkeit, die Probleme der Welt zu lösen. Ein solches Vertrauen ist jedoch nach Jahrhunderten des politischen Versagens völlig unbegründet.

Das Neue Testament sagt im allgemeinen, daß die Bedingungen nicht besser werden (1. Tim. 4,1-3; 2. Tim. 3,1-5). Dadurch wird die Verantwortlichkeit des Christen gegenüber der großen Berufung nur um so dringender.

Heißt das, daß die Gläubigen die Haltung des Nichtstuns annehmen sollen? Nein! Tatsache ist, daß wir durch Gebet mehr erreichen können als durch einen Stimmzettel. Wir halten das Gleichgewicht der Macht durch Gebet. Wir können das Schicksal von Nationen durch Gebet beeinflussen. „Denn die Waffen unseres Kampfes sind nicht fleischlich, sondern göttlich mächtig zur Zerstörung von Festungen“ (2. Kor. 10,4).

Die Zeit der Herrschaft der Christen ist noch nicht gekommen (1. Kor. 4,8). Die Zeit unseres Lebens ist ein Training für die Zeit des Regierens. William Kelly sagte:

> „Noch nie haben Christen in der Regierung der Welt mitgemischt, außer zu Seiner Verunehrung und ihrer eigenen Schande. Heute sind sie aufgerufen, mit Christus zu leiden; nach und nach sollen sie mit Ihm regieren. Selbst Er hat noch nicht die ganze Macht für die Herrschaft ergriffen. Er sitzt auf dem Thron Seines Vaters als der auf Erden verstoßene Christus und wartet auf ein Wort Seines Vaters, das Gericht auszuführen und auf Seinem eigenen Thron zu sitzen“ (Offb. 3,21).

Gerade jetzt, wo ich dieses schreibe, erhalte ich eine Nachricht, die Kellys Position unterstützt. Sie besagt:

> „Van Dyke, ein wiedergeborener Christ, war eine umstrittene

Figur. Seine politische Karriere war von Skandalen gekennzeichnet. Er wurde 1984 fast von der Legislatur ausgeschlossen, wegen Verwendung betrügerischer Wahlkampagnenliteratur. Der Öffentliche Kontrollausschuß verurteilte ihn zu einer Strafe von 500 Dollar, und die Legislatur verlangte eine Entschuldigung."

Kellys Behauptung ist wirklich des Nachdenkens wert: „Noch nie haben Christen in der Regierung der Welt mitgemischt, außer zu Seiner Verunehrung und ihrer eigenen Schande."

SELBSTSUCHT

Dem Streben nach Heiligkeit stehen nur wenige Dinge hemmender gegenüber als die Beschäftigung mit sich selbst. Diejenigen, die in sich selbst nach einem Sieg suchen, suchen an der falschen Stelle; sie finden Enttäuschung, Entmutigung und Niederlagen.

Die Welt betont den Menschen und seine Fähigkeiten. Seinem ausgesprochenen Verlangen nach Anerkennung, Popularität und Angenommensein folgt die „Ich-Zentrums-Kirche" auf den Fuß. Sie predigt weltlichen Humanismus, der nur dürftig mit einer evangelikalen Sprache verhüllt wird. Religiöse Verleger drucken eine ganze Reihe neuer Bücher über Selbstachtung. In einem einzigen christlichen Buchladen fand ich die folgenden Titel:

Liebe Dich Selbst
Die Kunst, Sich Selbst Zu Lieben
Selbstliebe – Die Dynamische Kraft Zum Erfolg
Ich Bin In Ordnung, Du Bist In Ordnung
Wer Sagt, Daß Ich In Ordnung Bin?
Eine Wahre Ansicht Deiner Selbst
Freunde Dich Mit Deinem Schatten An
Das Verstehen Deiner Vergangenheit,
Der Schlüssel Zu Deiner Zukunft.
Du Kannst Mit Dir Selbst Zufrieden Sein
30 Tage Zu Einem Weniger Stressigen Du
Du Bist Jemand Besonderes
Muß Ich Ich Sein? (Leben mit Dir selbst und es lieben)

Nur eine einzige dünne Stimme des Protestes erschien in den Regalen. Der Titel des Buches:

Laß Dein Ich Vor Der Tür

Ein großer Teil der modernen Beratung richtet die Untersuchung auf das eigene Ich. Der Patient wird aufgefordert, sein Leben zu untersuchen (die Betonung liegt dabei auf den kapitalen Fehlern der Eltern), seine Gedanken, Motive, Ängste, Komplexe und Hemmungen (besonders auf dem Gebiet der Sexualität). Indem er über seine Probleme in einer Beratung, die nicht die Richtung weist, spricht, kommen die Antworten von selbst – so wird es zumindest behauptet.

DIE WELT – EIN IRRENHAUS

> Der norwegische Dramaturg Ibsen erzählt die Geschichte des Peer Gynt, der in eine psychiatrische Anstalt kommt und feststellt, daß keiner dort verrückt zu sein scheint. Alle dort redeten so vernünftig und diskutierten ihre Pläne so ausführlich und so ernst, daß er sich sicher war, daß sie gesund seien. Er sprach mit dem Arzt darüber: „Sie sind verrückt", sagte der Arzt. „Sie reden sehr vernünftig, das gebe ich zu, aber sie reden nur über sich selbst. Sie sind tatsächlich auf höchst intelligente Weise von sich selbst besessen. Es gibt nur sie – morgens, mittags, abends. Wir kommen hier nicht von uns selbst los. Wir schleppen uns selbst mit uns herum, selbst in unseren Träumen. O ja, junger Herr, wir reden sehr vernünftig, aber wir sind richtiggehend verrückt."
>
> Die Welt ähnelt sehr dem Krankenhaus, das Peer Gynt besucht hat. Sie sieht sehr gesund aus, bis zu dem Augenblick, an dem wir erkennen, daß sie von sich selbst besessen ist. Alles wovon sie spricht, sind ihre Gefühle, ihre Politik, ihre Kriege, ihre Budgets, ihr Geld. Der größte Teil der Existenz, Gott, bleibt unerwähnt.*

Es ist ein Charakteristikum der Leute, die an geistigen, nervösen oder emotionalen Störungen leiden, daß ihr Ich im Mittelpunkt steht und auch das Umfeld ihres Lebens bildet. Psychologische Beratungsmethoden, die diese Patienten zu einer Selbsterforschung auffordern, verschlimmern ihre Lage nur. Vielleicht hast du schon den Spruch gehört: „Neurotiker sind Menschen, die Luftschlösser bauen; Psychopathen sind diejenigen, die dort einziehen und Psychiater sind diejenigen, die die Miete kassieren."

DER UNGLÜCKLICHE MANN AUS PSALM 77

Es gibt zwei klassische Schriftstellen, die von der Selbstsucht und ihrer Heilung handeln. Die erste ist Psalm 77, den Bullinger wie folgt einteilt:

Beschäftigung mit sich selbst (V. 1-6)
Das sichere Resultat davon; Unglück (V. 7-9)
Beschäftigung mit Gott (V. 10-12)
Das sichere Resultat davon; Freude (V. 13-20)

Ein anderer hat einmal folgende Einteilung vorgenommen:

Seufzen
Sinken
Singen
Emporschwingen

In der ersten Hälfte des Psalms leidet Asaph unter einem Ich-Problem oder einer Überdosis des Vitamin I-CH. Das erste Personalpronomen (ich, mir, mich) tritt zweiundzwanzigmal auf, wohingegen Gott nur dreizehnmal erwähnt wird. Der Psalmist ist so von sich selbst besessen, daß er selbst die Güte, Gnade und Barmherzigkeit des Allerhöchsten in Frage stellt.

In der zweiten Hälfte richtet Asaph seine Blicke auf den Herrn. Vierundzwanzigmal erwähnt er Gott (substantivisch und pronominal), sich selbst jedoch nur dreimal.

DER MANN DES ELENDS AUS RÖMER 7

Die zweite Schriftstelle ist Römer 7,9-25. Nach über vierzigmaligem Gebrauch von Personalpronomen stöhnt Paulus: „Ich elender Mensch!“ Er konnte in sich selbst keinen Sieg entdecken. Er gibt vielmehr völlig überzeugt zu: „Denn ich weiß, daß in mir, das ist in meinem Fleisch, nichts Gutes wohnt.“ Aber am Ende des Kapitels wendet er sich von sich selbst weg und findet Sieg in dem Herrn Jesus Christus.

In sich selbst nach Sieg zu suchen, ist zu vergleichen mit einem Anker, den man ins Boot wirft; geistliches Abdriften ist damit garantiert.

Der König Israels bemerkte schnell, daß er jemand größeren brauchte als sich selbst; er sagte: „Vom Ende der Erde werde ich zu dir rufen, wenn mein Herz verschmachtet; du wirst mich auf einen Felsen leiten, der mir zu hoch ist“ (Ps. 61,2). Der Fels ist natürlich Gott.

Selbstbeschäftigung läßt einen Menschen die Segnungen des Herrn vergessen und läßt ihn den Segnungen gegenüber undankbar werden. Sie ruft eine Lähmung hervor, was den effektiven Dienst angeht, da es die Konzentration reduziert und damit die Qualität des Dienstes. Sie läßt einen herzlos und unempfindlich für die Nöte von anderen werden.

DER EGOZENTRISCHE SKLAVE

Ein egozentrischer Mensch ist ein Sklave seiner eigenen Emotionen und Gefühle. Für andere ist er ein unattraktiver Begleiter. Er erzählt seine ganze Litanei von Wehleidigkeiten sämtlichen Freunden und Beratern, er wünscht sich, daß jeder ihm zuhört, verschmäht jedoch jeden Ratschlag. Er hat einen eisernen Willen, der Veränderungen widersteht und sich weigert, Gottes Willen zu akzeptieren. Er ist wie die Menschen, die der Herr in Hesekiel 33,31.32 beschreibt:

> „Und sie kommen scharenweise zu dir, und sitzen vor dir als mein Volk und hören deine Worte, aber sie tun sie nicht; sondern sie tun, was ihrem Munde angenehm ist, ihr Herz geht ihrem Gewinne nach.
> Und siehe, du bist ihnen wie ein liebliches Lied, wie einer, der eine schöne Stimme hat und gut zu spielen versteht; und sie hören deine Worte, doch sie tun sie nicht.“

Soviel zum Krankheitsbild eines Egozentrikers. Wie kann ein Mensch darüber Herr werden?

FÜNF SCHRITTE ZUR BEFREIUNG

Als allererstes können wir uns von der Selbstbeschäftigung zur Beschäftigung mit Gott hinwenden (2. Kor. 3,18). Indem wir auf Ihn schauen, werden wir Ihm ähnlicher werden. Tausende von guten Ich– Ausführungen sind nicht eine einzige Christus– Ausführung wert. Mit anderen Worten, ein geheiligtes Ich ist ein armseliger Ersatz für einen verherrlichten Christus. Ein Egozentriker kann ständig beten:

„Erlöst zu sein von mir selbst, geliebter Herr,
sich in Dir verlieren,
daß nicht mehr ich es bin,
sondern Christus, der in mir lebt.“ – A. B. Simpson

Der Egozentriker sollte immer an die Wahrheit denken: Beschäftigung mit sich selbst führt zur Verzweiflung. Beschäftigung mit anderen bringt Entmutigung. Beschäftigung mit Christus bringt Freude.

Paul Van Gorder schreibt:

„Die Haltung, die wir haben sollten, wird in der folgenden Geschichte deutlich. Nach einer Aufführung von Beethovens Neunter Symphonie klatschten die Zuhörer dem Dirigenten Arturo Toscanini und dem Orchester verlängerten Beifall. Toscanini war sehr gerührt, wandte sich seinen Musikern zu und flüsterte: 'Ich bin nichts, und ihr seid nichts.' Dann sagte er mit fast anbetender Stimme: 'Aber Beethoven ist alles.'“

Vielleicht mag jetzt jemand einwenden, daß ein gewisses Maß an Selbstprüfung nötig ist und von der Bibel her verlangt wird. Zugegeben, aber dann sollten wir McCheynes Regel beachten: „Für jeden Blick auf dich selbst wirf zehn Blicke auf den Herrn.“ Oder wie es ein altes Lied sagt: „Wie süß es ist, von sich selbst zu fliehen, und Zuflucht zu suchen beim Heiland.“

Eine zweite Sache, die ein Egozentriker tun kann, ist einen biblisch ausgewogenen Blick von sich selbst zu bekommen. Einerseits soll er erkennen, daß er errettet ist durch die Gnade Gottes, daß er Vergebung und Rechtfertigung erlangt hat und passend gemacht worden ist für den Himmel. Er steht vor Gott in aller Annehmbarkeit von Gottes geliebten Sohn. Er ist vollkommen in Christus, ein Erbe Gottes und Teilhaber Jesu Christi. Er ist eine einmalige Schöpfung Gottes und hat eine bestimmte Aufgabe in seinem Leben zu erfüllen. Er hat einen großen Wert für Gott, und das sollte in ihm den Wunsch wecken, alles für Jesus zu tun, was in seiner Macht steht.

Andererseits sollte er erkennen, daß nichts in und aus ihm selbst ist (2. Kor. 12,11; Gal. 6,3), und daß in seinem Fleisch nichts Gutes wohnt. Er sucht nicht nach Gutem in sich selbst und so bleibt ihm die Enttäuschung erspart, in sich nichts Gutes zu finden.

Ein dritter Vorschlag. Der Egozentriker sollte sich in einem Leben für andere verlieren. Diejenigen, die Erfüllung finden, sind die, die so damit beschäftigt sind, anderen zu helfen, daß sie keine Zeit mehr finden, über sich selbst nachzudenken. Erfüllung erlangt man eher durch Selbstverleugnung als durch Selbstbeschäftigung. Das meinte Jesus, als Er sagte: „Wer sein Leben liebt, wird es verlieren; und wer sein Leben in dieser Welt haßt, wird es zum ewigen Leben bewahren" (Joh. 12,25). Als der Psychiater Karl Menninger gefragt wurde, was er machen würde, wenn er wüßte, er stünde vor einem Nervenzusammenbruch, antwortete er: „Ich würde jemanden suchen, dem es noch schlimmer geht als mir und versuchen, ihm zu helfen."

Der Egozentriker sollte keine Zeit mit dem Wunsch verschwenden, jemand anderes zu sein. Trotz seines Aussehens, seiner Behinderungen oder beschränkten Fähigkeiten sollte er sich selbst annehmen, wie auch Gott ihn angenommen hat und sagen: „Durch Gottes Gnade bin ich, was ich bin" (1. Kor. 15,10a). Gibt es Dinge im Leben, die man nicht ändern kann, sollte er sie akzeptieren und somit Frieden finden. Auf Gebieten des Lebens, die von der göttlichen Souveränität festgelegt sind, ist eine Beschwerde Sünde und der Wunsch, es wäre anders, sinnlos.

Schließlich sollte er alle Dinge vermeiden, die ihn zur Selbstbetrachtung führen – ob Bücher über Selbstachtung, Seminare über das Denken in Möglichkeiten oder Beratungen, die auf das Selbst ausgerichtet sind und nicht auf Gott. Was wir wollen, ist, uns selbst zu vergessen und uns auf den Herrn zu konzentrieren, Der dies wert ist.

* Travelling Light, Eugene H. Peterson, Downers Grove, IL: Inter-Varsity Press, Seiten 69-71.

MUSIK

Einige sagen, Musik sei neutral, nur die Texte könnte man ablehnen. Andere sagen: „Nein, auch die Musik kann weltlich sein, und bestimmte Musikrichtungen wecken das Tier in einem Menschen.“

In beiden Fällen müssen wir zugeben, daß die eine Art geistlicher Musik eines Kulturkreises nicht unbedingt auch für einen anderen Kreis geeignet sein muß. Außerdem kann die Kirchenmusik des einen Jahrhunderts höchst unpassend für Christen eines späteren Jahrhunderts sein.

Des weiteren sollten wir anerkennen, daß einige Musikarten zwar für den Hausgebrauch angemessen sind, jedoch nicht für den Gottesdienst (einige klassische Stücke z. B.). Und es stimmt auch, daß aufrichtige junge Christen häufig zeitgenössische Musikformen verwenden, um Nichtbekehrte zu erreichen. Danach jedoch geben sie ein klares Zeugnis des Evangeliums. Einige, die niemals zuvor von Christus gezeugt haben, nutzen die Musik als Einstieg zum klaren Zeugnis für den Herrn.

Für die Bewertung christlicher Musik gibt es vier Gebiete, die zu berücksichtigen sind.

DIE ART DER MUSIK

1. Ist sie kulturell gesehen akzeptabel als geistliche Musik in der bestimmten Fassung und Zeit, in der sie gebraucht wird?
2. Paßt sie zu den Worten? Ist sie am besten geeignet,als Träger der Botschaft zu dienen?
3. Imitiert sie die Welt?
4. Ist sie melodisch oder nur von Rhythmus geprägt?

DIE TEXTE

1. Stimmen sie mit der Lehre überein?
2. Sind sie ehrfürchtig?
3. Sind sie auferbauend? Fördern sie Heiligkeit?
4. Loben sie den Herrn?
5. Sind sie nur von zeitlichem Wert oder von bleibendem?

DIE AUFFÜHRENDEN

1. Ist die Darstellung theatralisch?
2. Ist der Sänger bescheiden im Äußeren und im Auftreten?
3. Ist er ein gutes Zeugnis?
4. Benutzt er Körpersprache?
5. Ist es seine Absicht zu unterhalten oder anzuregen?
6. Will er die Aufmerksamkeit auf sich oder auf den Herrn lenken?
7. Ist die Darstellung kommerzialisiert?
8. Verkündigt er Gottesfurcht mit seinen Liedern?
9. Investiert er übermäßig viel Zeit und Geld in die Musik?

DIE ZUHÖRER

1. Ist die Einbindung weltlich?
2. Würde der Herr sich dort wohlfühlen?

Aufgrund des unterschiedlichen Musikgeschmacks der Christen können wir keinen übereinstimmenden Maßstab erwarten. Aber ich schlage vor, daß die oben angeführten Fragen vielleicht eine Art Leithilfe sind für überlegte Entscheidungen. Anstatt die Welt in ihrer sinnesorientierten Musik nachzuahmen, wäre es für viele christliche Musiker besser, neue Musikformen zu entwickeln, die dem Lob und den hohen Themen des Glaubens gerecht werden.

SCHLUßWORT

„Seid heilig“ ist vielleicht ein vergessenes Gebot, aber das sollte nicht so sein. Es rangiert sehr hoch unter den Geboten des Herrn. Es war nicht als Vorschlag oder nur als Möglichkeit gedacht, sondern als Befehl. Wie alle Seine Gebote ist auch dieses nur zu unserem Guten gegeben worden und nicht zu Seinem.

Es gibt kein höheres Ziel als das, dem Herrn ähnlich zu sein. Nichts spricht mehr für Gott in einem Zeitalter der Tatsachen als ein heiliges Leben. Es macht die Christenheit glaubwürdig. Es verherrlicht Gott und ist segensreich für den Gläubigen. Auf der anderen Seite bringt nichts mehr Schande, Unehre und Vorwürfe auf den Namen des Herrn als ein sündigender Heiliger.

Nichts sollte uns mehr zur Heiligkeit motivieren, als die Liebe Christi, der Preis, den Er für unsere Errettung bezahlt hat, die Gnade, die Er uns erwiesen hat. Hinzu kommt die Tatsache, daß die Sünde die Gemeinschaft mit Gott unterbricht, andere ins Wanken bringt und die Lippen verschließt.

Heiligkeit ist ein Prozeß und keine Errungenschaft. Wir werden nicht eher vollkommen heilig sein, als bis wir den Heiland von Angesicht sehen, aber bis dahin sollten wir versuchen, Ihm immer ähnlicher zu werden.

In dem hin– und herwogenden Kampf gegen die Welt, das Fleisch und den Teufel brauchen wir die Waffenrüstung des christlichen Soldaten. Kurz gesagt, ist diese Waffenrüstung ein aufrichtiger christlicher Charakter. Solange wir diese Waffenrüstung tragen, bieten wir unseren Feinden nur sehr wenig Angriffsfläche.

Nur Gott kann uns heiligen, aber Er tut es nicht ohne unsere Mitarbeit. Er hat uns gewisse Prinzipien als Leitfaden gegeben. Solange wir ihnen gehorchen, wird der Geist uns von einer Stufe der Herrlichkeit zur nächsten umgestalten. Einige der Grundvoraussetzungen sind Bekenntnis, Wiederherstellung, Übergabe, Bibelstudium, Gebet, Gemeinschaft mit anderen Christen, Dienst für den Herrn und ein disziplinierter Körper und Geist.

Heiligkeit betrifft auch unser Geschlechtsleben, unsere Sprache, unser Temperament und unsere Kleidung. Mit welchem Gebiet hat sie eigentlich nichts zu tun?

Jeder Christ sollte aufgerüttelt werden, wenn er liest, daß ohne Heiligkeit keiner den Herrn sehen wird (Hebr. 12,14). Dies schließt mit Sicherheit die stellungsmäßige Heiligung ein, die ein Mensch erlangt, wenn er dem Heiland vertraut. Aber es schließt auch die praktische Heiligkeit ein, die ein unabänderliches Resultat einer aufrichtigen Bekehrung ist.

William MacDonald

Licht für
den Weg

CLV, gebunden

382 Seiten, 18.80 DM

William MacDonald, der Autor des Andachtsbuches „Licht für den Weg“, ist als Verfasser zahlreicher Bibelkommentare über alle Bücher der Bibel sowie der Emmaus-Fernbibelkurse bekannt geworden, welche in viele Sprachen übersetzt und in Millionen Exemplaren verbreitet worden sind. Von seinen weiteren Schriften, die das praktische Christenleben behandeln, ist das Buch „Wahre Jüngerschaft“ besonders bekannt geworden. Dieses Buch hat Tausenden Christen aller Altersstufen entscheidende Impulse für die Nachfolge Jesu gegeben.
Obwohl MacDonald einen Doktortitel der Harvard-Universität hat, zeichnen sich seine Schriften durch einen leicht verständlichen, lebendigen Stil aus. Gott hat ihm die Gabe geschenkt, wichtige und oft übersehene Grundsätze des Wortes Gottes auch dem schlichten Leser eindrücklich vermitteln zu können.
Außerdem ist er ein international sehr geschätzter Lehrer und Verkündiger des Wortes Gottes.
Ziel seines Andachtsbuches ist es, Liebe zum Wort Gottes und Hingabe an unseren Herrn Jesus Christus zu wecken, damit auch unser Alltag zur Ehre Gottes gelebt wird.

Als Leseprobe folgt auf den nächsten Seiten eine kleine Auswahl seiner täglichen Andachten.

20. Januar

»Und: 'Ihrer Sünden und ihrer Gesetzlosigkeiten werde ich nie mehr gedenken'.« Hebräer 10,17

Gottes Fähigkeit, Sünden zu vergessen, die durch das Blut Christi bedeckt wurden, ist eine der kostbarsten und beruhigendsten Wahrheiten in der Schrift.

Es ist ein gewaltiges Wunder, wenn wir lesen: »So weit der Osten ist vom Westen, hat er von uns entfernt unsere Übertretungen« (Psalm 103,17). Es ist etwas Phantastisches, daß wir mit Hiskia sagen können: »Alle meine Sünden hast du hinter deinen Rücken geworfen« (Jesaja 38,17). Unser Verstand setzt aus, wenn wir den Herrn sagen hören: »Ich habe deine Übertretungen getilgt wie einen Nebel, und wie eine Wolke deine Sünden« (Jesaja 44,22). Aber es ist noch wunderbarer zu lesen: »Ihrer Sünden und ihrer Gesetzlosigkeiten werde ich nie mehr gedenken.«

Wenn wir unsere Sünden bekennen, vergibt er nicht nur, Er vergißt auch sofort. Wir überdehnen die Wahrheit hier nicht, wenn wir sagen, daß Er unsere Sünden unmittelbar im Meer Seines Vergessens begräbt. Dies wird durch die Erfahrung eines Gläubigen illustriert, der einen hin- und herwogenden Kampf mit einer hartnäckigen Gewohnheitssünde hatte. In einem Augenblick der Schwachheit gab er wieder einmal der Versuchung nach. Sofort eilte er in die Gegenwart des Herrn und platzte heraus: »Herr, ich habe es schon wieder getan.« Da hörte er den Herrn sagen: »Was hast du schon wieder getan?« Was die Geschichte hiermit sagen will, ist natürlich, daß Gott in dem Sekundenbruchteil nach dem Bekenntnis bereits alles vergessen hatte.

Das ist ein kostbares Paradoxon, daß der allwissende Gott vergessen kann. Einerseits weiß Er alles. Er zählt die Sterne und gibt jedem seinen Namen. Er zählt unsere Kämpfe und verzeichnet jede einzelne unserer Tränen. Er kennt jeden Sperling, der fällt. Er zählt die Haare auf unserem Kopf. Und doch vergißt Er die Sünden, die wir bekennen und unterlassen. David Seamands sagte: »Ich weiß nicht, wie die Allwissenheit Gottes vergessen kann, aber ich weiß, daß sie vergißt.«

Und noch ein letzter Gedanke! Es wird zurecht gesagt, daß, wenn Gott vergibt und vergißt, Er ein Schild aufstellt mit den Worten »Fischen verboten!« Es ist mir verboten, meine eigenen vergangenen Sünden oder die Sünden anderer, die Gott vergessen hat, wieder herauszufischen. In dieser Beziehung müssen wir ein schlechtes Gedächtnis und eine starke Vergeßlichkeit entwickeln.

24. Januar

»Seid um nichts besorgt.« Philipper 4,6

Es gibt sovieles, worüber man sich Sorgen machen könnte — die Gefahr von Krebs, Herzinfarkt und einer Unzahl anderer Krankheiten; angeblich schädliche Nahrungsmittel, plötzlichen Unfalltod, eine kommunistische Machtübernahme, Atomkrieg, unaufhaltbare Inflation, eine ungewisse Zukunft, die düsteren Aussichten für Kinder, die in einer derartigen Welt aufwachsen müssen. Die Möglichkeiten sind unbegrenzt.

Und dennoch sagt uns Gottes Wort: »Seid um nichts besorgt.« Gott möchte, daß wir ein sorgenfreies Leben führen, und zwar aus guten Gründen!

Sorgen sind unnötig. Der Herr kümmert Sich um uns. Er hält uns in Seiner Hand geborgen. Nichts kann uns außerhalb Seines zulassenden Willens geschehen. Wir sind nicht blinder Willkür, dem Zufall oder dem Schicksal ausgeliefert. Unser Leben ist von Gott geplant, geordnet und geleitet.

Sorgen sind nutzlos. Sie können niemals ein Problem lösen oder eine Krise vermeiden. Jemand hat einmal gesagt: »Sorgen nehmen dem Morgen niemals seine Schmerzen, sie entziehen aber dem Heute seine Kraft.«

Sorgen sind schädlich. Die Ärzte stimmen darin überein, daß viele Krankheiten ihrer Patienten von Sorgen, Spannungen und Nervenreizungen verursacht werden. Magengeschwüre nehmen einen großen Platz unter den durch Sorgen hervorgerufenen Krankheiten ein.

Sorgen sind Sünde. »Sie ziehen die Weisheit Gottes in Zweifel; sie unterstellen Ihm, daß Er nicht weiß, was Er tut. Sie ziehen die Liebe Gottes in Zweifel; sie behaupten, daß Er Sich nicht um uns kümmert. Sie ziehen die Kraft Gottes in Zweifel; sie meinen, daß Er mit den Umständen nicht fertig wird, die meine Sorgen verursachen.«

Oft bilden wir uns auf unsere Sorgen auch noch etwas ein. Als ein Ehemann einmal seine Frau wegen ihrer unaufhörlichen Sorgen ansprach, antwortete sie: »Wenn ich mir nicht ständig Sorgen machen würde, dann würde hier wahrscheinlich gar nichts mehr getan werden.« Wir werden niemals davon befreit werden, bis wir sie als Sünde bekennen und sie gründlich verurteilen. Dann können wir mit Zuversicht sagen:

Ich mache mir keine Gedanken wegen morgen,
Mein Heiland wird Sich darum kümmern;
Und füllt Er es mit Kummer und Sorgen,
Hilft Er mir auch, die Schmerzen zu tragen.
Ich mache mir keine Gedanken wegen morgen;
Warum sollte ich seine Lasten dann jetzt schon tragen?
Wenn ich seine Gnade und seine Kraft nicht borgen kann,
Warum sollte ich dann seinen Kummer borgen?

26. Januar

»Geliebte, wenn Gott uns also geliebt hat, so sind auch wir schuldig, einander zu lieben.« 1. Johannes 4,10

Wir dürfen uns Liebe nicht als ein unkontrollierbares und unberechenbares Gefühl vorstellen. Gott gebietet uns, daß wir lieben sollen, und das wäre völlig unmöglich, wenn Liebe irgendeine schwer faßbare, gelegentliche Stimmung wäre, die kommt und geht wie eine gewöhnliche Erkältung. Liebe bezieht auch unsere Gefühle mit ein, ist aber weit mehr eine Sache des Willens als der Gefühle.

Wir müssen uns auch vor der Vorstellung hüten, daß sich Liebe ausschließlich auf eine Welt von Traumschlössern bezieht, und nicht viel mit dem Einerlei und den Kämpfen des Alltags zu tun hat. Für jede Stunde Mondschein und Rosen gibt es Wochen von Putzlappen und schmutzigem Geschirr.

Mit anderen Worten: Liebe ist äußerst praktisch. Wenn bei Tisch beispielsweise eine Schale mit Bananen herumgereicht wird, und eine davon hat schwarze Flecken, dann nimmt die Liebe diese. Die Liebe putzt das Waschbecken und die Badewanne nach der Benutzung. Die Liebe ersetzt die aufgebrauchte Rolle Toilettenpapier, so daß die nächste Person nicht in Schwierigkeiten kommt. Die Liebe dreht das Licht aus, wenn es nicht gebraucht wird. Sie hebt das zerknüllte Tempotaschentuch auf, anstatt einfach darüberzugehen. Sie füllt Öl und Benzin nach, bevor sie ein ausgeliehenes Auto zurückgibt. Die Liebe leert den Mülleimer, ohne erst darum gebeten zu werden. Sie läßt Menschen nicht warten. Sie bedient erst die anderen, dann sich selbst. Sie kümmert sich um ein quengeliges Baby und nimmt es mit hinaus, damit die Versammlung nicht gestört wird. Die Liebe spricht laut, so daß auch Schwerhörige verstehen können. Und die Liebe arbeitet, um Mittel zu haben, die sie mit anderen teilen kann.

Die Liebe hat einen Saum an ihrem Gewand
Der bis in den Staub hinabreicht —
Sie kann die Schmutzflecken der Straßen und Gassen erreichen,
Und weil sie es kann, muß sie es auch.

Sie darf sich nicht nur auf dem Berg ausruhen;
Sie muß hinuntergehen ins Tal;
Denn sie kann für sich nicht Ruhe und Frieden finden
Bis sie die, die versagt haben, neu belebt hat.

2. März

»Die Frucht des Geistes aber ist: Liebe...« Galater 5,22

Der Ausdruck »die Frucht des Geistes« lehrt uns von Anfang an, daß die nachfolgend angeführten Eigenschaften nur vom Heiligen Geist hervorgebracht werden können. Ein Unbekehrter ist nicht in der Lage, auch nur eine dieser Tugenden zu offenbaren. Auch ein wahrhaft Gläubiger ist unfähig, sie aus eigener Kraft zu entwickeln. Wenn wir also an diese Eigenschaften denken, dann müssen wir uns vor Augen halten, daß sie übernatürlich sind und aus einer anderen Welt stammen.

Die Liebe, von der hier beispielsweise gesprochen wird, ist nicht der 'eros' (griechisch) der Leidenschaft oder die 'philia' der Freundschaft oder die 'storge' der Zuneigung. Es ist die 'agape' - Liebe — die Art von Liebe, die Gott uns erwiesen hat, und die wir nach Seinem Willen auch anderen erweisen sollen.

Vielleicht kann ich das an einem Beispiel illustrieren. Dr. T.E. McCully war der Vater von Ed McCully, einer der fünf jungen Missionare, die in Ecuador von der Hand der Auca-Indianer den Märtyrertod erlitten haben. Als eines Abends Dr. McCully und ich in Oak Park, Illinois, im Gebet zusammen auf unseren Knien waren, gingen seine Gedanken nach Ecuador und zum Curaray-Fluß zurück, der immer noch das Geheimnis des Verbleibs von Eds Leichnam verborgen hält. Er betete: »Herr, laß mich lang genug leben, daß ich die Rettung dieser Burschen erleben kann, die unsere Jungens umgebracht haben, damit ich sie umarmen und ihnen sagen kann, daß ich sie liebe, weil sie meinen Christus lieben.« Als wir aufstanden, bemerkte ich die Tränen, die seinen Wangen herabliefen.

Gott hat dieses Gebet der Liebe erhört. Einige dieser Auca-Indianer kamen später zum Glauben an Christus. Dr. McCully ging nach Ecuador, begegnete diesen Männern, die seinen Sohn ermordet hatten, schloß sie in seine Arme und sagte ihnen, daß er sie liebte, weil sie seinen Christus liebten.

Das ist 'agape'-Liebe. Sie ist unparteiisch und sucht für alle das Beste — für die Unscheinbaren ebenso wie für die Beliebten, für die Feinde ebenso wie für die Freunde. Sie ist bedingungslos und verlangt keinen Dank für ihr beständiges Geben. Sie ist aufopfernd und fragt nie nach den Kosten. Sie ist selbstlos und kümmert sich mehr um die Nöte und Bedürfnisse der anderen als um die eigenen. Sie ist rein, frei von jeder Spur von Ungeduld, Neid, Stolz, Rachsucht und Groll.

Liebe ist die größte Tugend im christlichen Leben. Ohne sie sind unsere edelsten Unternehmungen wertlos.

»Seid aber Täter des Wortes und nicht allein Hörer, die sich selbst betrügen.« Jakobus 1,22

Unter uns herrscht oft die gefährliche Selbsttäuschung, daß das Besuchen von Zusammenkünften, Konferenzen und Seminaren schon das Tun des Werkes Gottes ist. Wir hören Botschaften und reden über das, was wir — wie wir alle wohl wissen — eigentlich tun sollten, und langsam schleicht sich die Illusion ein, daß wir Seinen Willen erfüllen. Was wir in Wirklichkeit tun, ist nur, unsere Verantwortung zu vergrößern und uns selbst zu betrügen. Wir betrügen uns selbst darin, daß wir uns für geistlich halten, wenn wir in Wirklichkeit vielleicht durch und durch fleischlich sind. Wir betrügen uns darin, daß wir zu wachsen meinen, während wir in Wirklichkeit auf der Stelle treten. Wir betrügen uns darin, daß wir uns für weise halten, während wir erbärmlich dumm sind.

Der Herr Jesus sagt, daß derjenige weise ist, der Seine Worte hört und sie auch tut. Auch der Tor hört Seine Worte, aber er setzt sie nicht in die Tat um.

Es genügt einfach nicht, sich eine Predigt anzuhören, und dann mit den Worten wegzugehen: »Was für eine wunderbare Botschaft.« Entscheidend ist, daß wir nach Hause gehen und sagen: »Das was ich gehört habe, werde ich jetzt in die Tat umsetzen.« Jemand hat einmal gesagt, daß eine gute Predigt nicht nur den Geist erweitert, das Herz wärmt und das Fell gerbt, sondern auch den Willen zum Handeln motiviert.

Mitten in einer Botschaft fragte ein Prediger einmal seine Zuhörer, welches Eingangslied sie gesungen hatten. Niemand wußte es. Er fragte nach dem Bibeltext, der verlesen wurde. Niemand wußte es. Er fragte, welche Ankündigungen gemacht worden waren. Niemand konnte sich erinnern. Diese Menschen spielten Versammlung.

Wir tun gut daran, uns vor jeder Zusammenkunft folgende Fragen zu stellen: Warum bin ich hierher gekommen? Bin ich bereit, Gott zu mir persönlich reden zu lassen? Will ich Ihm gehorchen, wenn Er zu mir spricht?

Das Tote Meer verdient seinen Namen zurecht, weil ständig Wasser zugeführt wird, ohne daß ein entsprechender Ausfluß stattfindet. In unserem Leben führt Belehrung ohne Anwendung zu Stillstand. Die hartnäckige Frage des Herrn klingt uns in den Ohren: »Was heißet ihr mich aber: Herr, Herr! und tut nicht, was ich sage?«

9. April

»... gleich dem Lamme, welches zur Schlachtung geführt wird.«

Jesaja 53,7b

Ich habe einmal ein Lamm sterben sehen. Es war ein äußerst ergreifender und zugleich schrecklicher Anblick.

Als es an den Ort der Schlachtung gebracht wude, sah es besonders liebenswert aus. Kinder hätten es gern gestreichelt und liebkost. Die Jungen jeder Tierart sind reizend — Kätzchen, Welpen, Küken, Kälber und Fohlen — aber ein Lamm ist ganz besonders anziehend.

Als es dort stand, war es der Inbegriff der Unschuld. Sein weißes, makelloses Fell vermittelte den Eindruck von Reinheit. Es war sanft und mild, hilflos und schutzlos. Seine Augen waren besonders ausdrucksvoll; sie sprachen von Angst, Schmerz und Qual. Es schien völlig grundlos, daß ein so junges, so schönes Geschöpf sterben sollte.

Nun wurden die Beine zusammengebunden und das leidende Lamm lag auf der Seite, schweratmend, als ahne es den bevorstehenden Tod. Mit einer schnellen Bewegung führte der Schlächter das Messer quer über die Kehle. Das Blut ergoß sich auf den Boden. Der kleine Leib verkrampfte sich in Todeszuckungen und lag bald darauf still. Das sanfte Lamm war gestorben.

Einige der Zuschauer hatten sich abgewandt; zu traurig war der Anblick. Andere wischten sich die Tränen aus den Augen. Niemand redete ein Wort.

Im Glauben sehe ich ein anderes Lamm sterben — das Lamm Gottes. Es ist ein gesegneter und zugleich furchtbarer Anblick.

An diesem Lamm ist alles lieblich: Er ist ausgezeichnet unter Zehntausenden, der Schönste der Schönen, und während Er zum Ort der Schlachtung geführt wird, steht Er in der Blüte Seiner Jahre.

Er ist nicht nur unschuldig — Er ist heilig, unbefleckt, abgesondert von den Sündern, ohne Fehl und Flecken. Es scheint völlig grundlos, jemand zum Tode zu bringen, der so rein ist.

Aber die Henker nehmen Ihn und nageln Ihn ans Kreuz, durch Hände und Füße hindurch. Dort erleidet Er die auf Ihn konzentrierten Qualen und Schrecken der Hölle als Stellvertreter für Sünder. Und während dem allen sind Seine Augen voller Liebe und Vergebung.

Nun ist die Zeit Seiner Leiden beendet. Er gibt Seinen Geist auf und Sein Leib hängt schlaff am Kreuz. Ein Soldat durchbohrt Seine Seite und heraus fließt Blut und Wasser. Das Lamm Gottes ist gestorben.

Mein Herz ist voll. Heiße Tränen fließen ungehindert. Ich falle auf meine Knie und danke Ihm und preise Ihn! Allein der Gedanke — Er ist für mich gestorben! Ich werde nie aufhören, Ihn zu lieben.

5. Mai

»... Esau, der für e i n e Speise sein Erstgeburtsrecht verkaufte.«
Hebräer 12,16

Es ist oft möglich, die höchsten und besten Dinge im Leben gegen die momentane Befriedigung eines fleischlichen Gelüstes zu verschachern.

Das genau tat Esau. Er kam müde und hungrig vom Feld nach Hause. Jakob kochte gerade einen Topf roter Linsensuppe. Als Esau um einen Teller »von dem Roten da« bat, sagte Jakob praktisch: »Natürlich gebe ich dir etwas ab, wenn du mir dafür dein Erstgeburtsrecht verkaufst.«

Nun war das Erstgeburtsrecht ein kostbares Vorrecht, das dem ältesten Sohn einer Familie gehörte. Es war so kostbar und wertvoll, weil es ihn später zur Führung der Familie oder des Stammes berechtigte und ihm einen doppelten Anteil am Erbe zusicherte.

Aber in diesem Augenblick achtete Esau sein Erstgeburtsrecht für wertlos. Was nützt das Erstgeburtsrecht, so dachte er, einem Mann, der so hungrig ist wie ich? Dieser Hunger schien so überwältigend, daß er bereit war, fast alles dafür zu geben. Um einen momentanen Appetit zu befriedigen, verschenkte er etwas von dauerhaftem Wert. Und so schloß er den furchtbaren Tauschhandel ab.

Ein ähnliches Drama spielt sich heute fast täglich ab. Da ist zum Beispiel ein Mann, der über Jahre hinweg ein gutes Zeugnis hat. Er genießt die Liebe einer prächtigen Familie und die Achtung seiner christlichen Gemeinde. Wenn er spricht, haben seine Worte geistliche Autorität, und auf seinem Dienst ruht sichtbar der Segen Gottes. Er ist ein vorbildlicher Christ.

Aber dann kommt ein Augenblick wilder Leidenschaft. Er wird förmlich verzehrt von dem Feuer sexueller Versuchung. Plötzlich scheint nichts mehr so wichtig wie die Befriedigung dieses physischen Triebes. Vernünftige Gedanken haben keine Macht mehr über ihn. Er ist willens, alles für diese verderbliche Verbindung zu opfern.

Und so stürzt er sich — völlig kopflos — mitten hinein! Für diesen Augenblick der Leidenschaft opfert er die Ehre Gottes, sein eigenes Zeugnis, die Achtung seiner Familie, den Respekt seiner Freunde und die einflußreiche Kraft eines gediegenen christlichen Charakters. Oder wie Alexander MacLaren (1826-1910, schottischer Prediger und Bibelausleger) sagte: »Er vergißt seine Sehnsucht nach Gerechtigkeit; er schleudert die Freuden der Gemeinschaft mit Gott weit von sich; er verdunkelt seine Seele; er setzt seinem Wohlergehen ein Ende; er zieht sich für den Rest seiner Jahre eine Sturzflut von Elend zu; und er macht seinen Namen und seinen Glauben zu einer Zielscheibe für die beißenden Sarkasmen aller nachfolgenden Generationen von Spöttern.«

Oder mit den klassischen Worten der Schrift, er verkauft sein Erstgeburtsrecht für ein Linsengericht.